孟宪承文集·卷五

主编 瞿葆奎 副主编 杜成宪

实用主义

〔美〕詹姆斯 著 孟宪承 译

华东师范大学出版社

孟宪承(1894—1967)

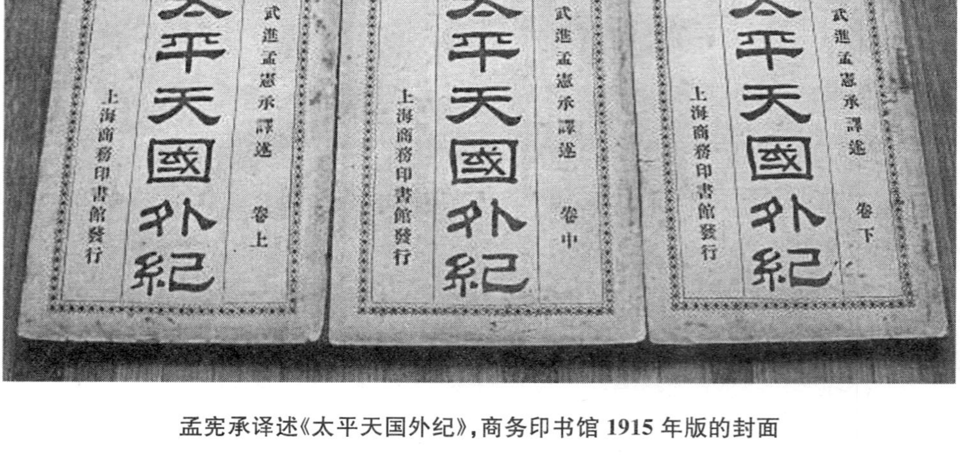

孟宪承译述《太平天国外纪》，商务印书馆 1915 年版的封面

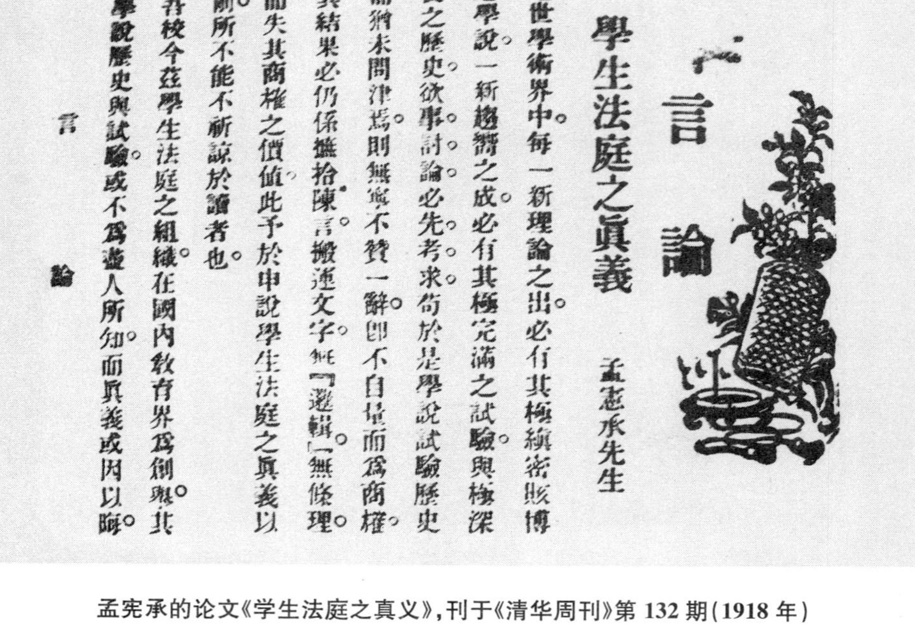

言論

學生法庭之眞義

孟憲承先生

近世學術界中每一新理論之出。必有其極縝密賅博之學說。一新趨嚮之成。必有其極完滿之試驗。與極深長之歷史。欲事討論。必先考求。苟於是學說試驗歷史而猶未問津焉。則無寧不贊一辭。即不自量而爲商榷。其結果必仍係撫拾陳言。搬運文字。無『邏輯』無條理。而失其商榷之價値。此予於申說學生法庭之眞義以前。所不能不斷諒於讀者也。

吾校今茲學生法庭之組織。在國內敎育界爲創舉。其學說歷史與試驗。或不爲盡人所知。而眞義或因以晦。

言論

孟宪承的论文《学生法庭之真义》，刊于《清华周刊》第 132 期(1918 年)

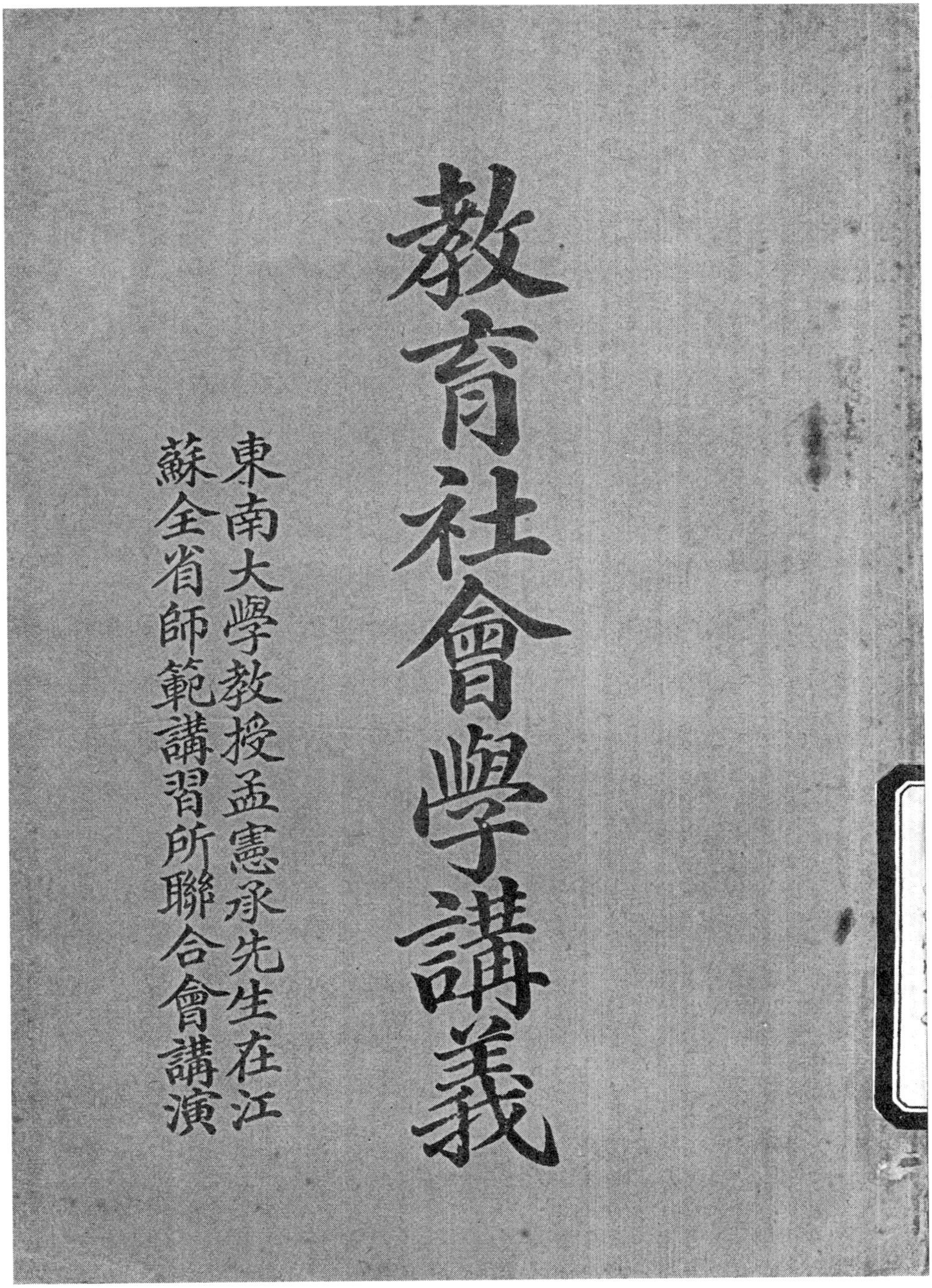
教育社會學講義
東南大學教授孟憲承先生在江
蘇全省師範講習所聯合會講演

孟宪承在江苏全省师范讲习所联合会讲演:《教育社会学讲义》(1923 年)

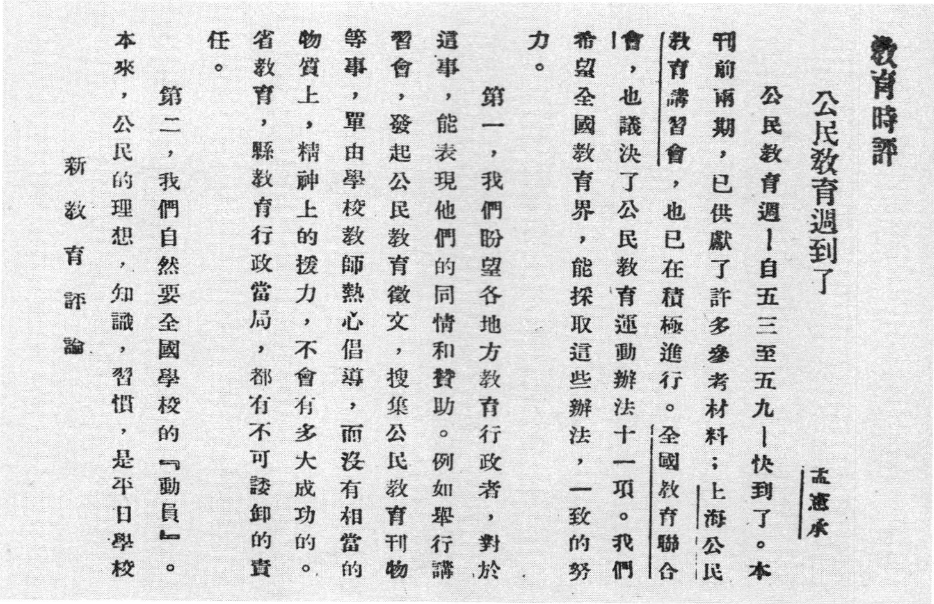

教育時評

公民教育週到了

孟憲承

公民教育週—自五三至五九—快到了。本刊前兩期，已供獻了許多參考材料；上海公民教育講習會，也已在積極進行。全國教育聯合會，也議決了公民教育運動辦法十一項。我們希望全國教育界，能採取這些辦法，一致的努力。

第一，我們盼望各地方教育行政者，對於這事，能表現他們的同情和贊助。例如舉行講習會，發起公民教育徵文，搜集公民教育刊物等事，單由學校教師熱心倡導，而沒有相當的物質上，精神上的援力，不會有多大成功的。省教育，縣教育行政當局，都有不可諉卸的責任。

第二，我們自然要全國學校的『動員』。本來，公民的理想，知識，習慣，是平日學校

新教育評論

孟宪承的论文《公民教育周到了》，刊于《新教育评论》1卷22期(1926年)

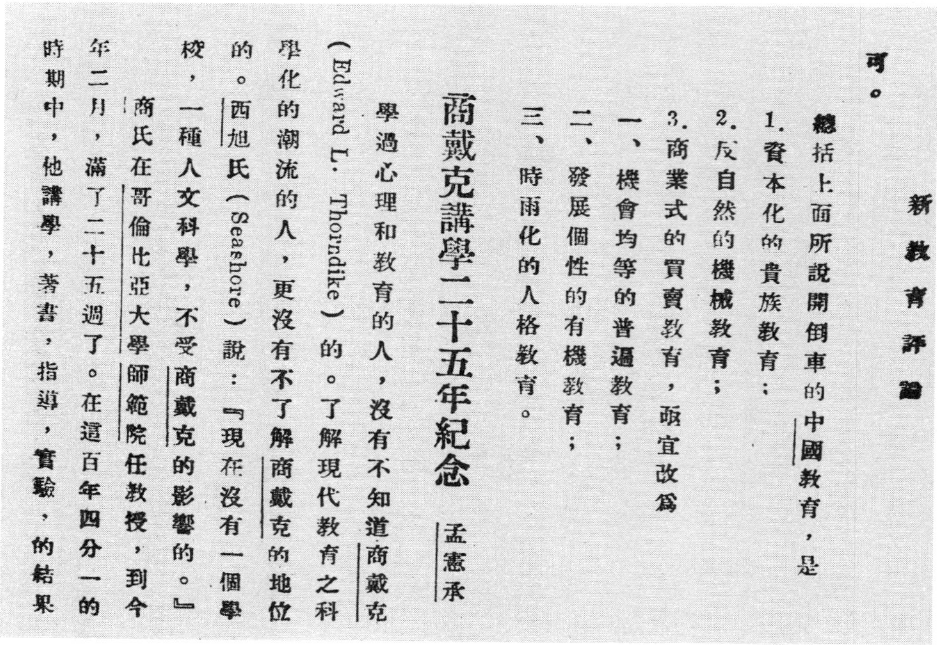

新教育評論

可。

總括上面所說開倒車的中國教育，是

1. 資本化的貴族教育；
2. 反自然的機械教育；
3. 商業式的買賣教育，亟宜改爲

一、機會均等的普遍教育；
二、發展個性的有機教育；
三、時雨化的人格教育。

商戴克講學二十五年紀念

孟憲承

學過心理和教育的人，沒有不知道商戴克(Edward L. Thorndike)的。了解現代教育之科學化的潮流的人，更沒有不了解商戴克的地位的。西旭氏(Seashore)說：『現在沒有一個學校，一種人文科學，不受商戴克的影響的。』

商氏在哥倫比亞大學師範院任教授，到今年二月，滿了二十五週了。在這百年四分一的時期中，他講學，著書，指導，實驗，的結果

孟宪承的论文《商戴克讲学二十五年纪念》，刊于《新教育评论》1卷23期(1926年)

孟宪承参加国民政府大学院的全国教育会议。前排左起第四人孟宪承，第八人蔡元培(1928 年)

孟宪承译詹姆士的《实用主义》(一),商务印书馆“万有文库”1930年版的封面

孟宪承译詹姆士的《实用主义》(二)，商务印书馆“万有文库”1930年版的封面

可使有棱角,且其一面須爲扁平者。(三)靴——靴係皮製,其底不准有金屬之釘等凸出物,以免危險。(四)球門——場地之各端線上,各植兩柱,(兩柱相距爲四碼)且於此兩柱上各置一橫木,離地面爲七英尺,柱木之寬爲二英寸,厚爲三英寸。(五)門網——網當懸於球門之後,網眼須能阻球穿過,以便觀察球之由球門進入與否。(六)角旗——場地四角,離邊線一碼之處,各植一四尺高之竿,上懸小旗。又在中線之延長線上,邊線之外一碼之處,各植一同樣之旗竿。(七)護脛——遊戲員應各備護脛一副,以免球杖之擊傷。

【人員之組織】 杖球之戲,其人員之組織,有遊戲員、隊長、職員等。(一)遊戲員——分爲兩隊,每隊十一人。其中五人爲先鋒,三人爲前衛,二人爲後衛,一人爲守門,此爲普通辦法,與足球無異。然亦有主張守門稍在後衛之後,進則充後衛,退則歸原職者。(二)隊長——每隊當有隊長一人,其職務如下:(1)選擇球門;(2)代理裁判員(當缺乏裁判員時);(3)派定守門之人。(三)職員——遊戲時,宜有裁判員二人,一在場地之一端,一在場地之他端,各管一邊線,只評判遊戲員之犯規等事。

杜甫

杜甫字子美,本襄陽人,後徙河南鞏縣。唐天寶初,應進士,不第。天寶末,獻三大禮賦,玄宗奇之,召試文章,授京兆府兵曹參軍。數上賦頌,因高自稱道,略謂臣之述作,雖不足鼓吹六經,至沈鬱頓挫,隨時敏給,揚雄枚皋可企及也。其自負如此。祿山之亂,天子入蜀,甫避走三川,肅宗立,甫自鄜州欲奔行在,爲賊所得,至德二年,亡走鳳翔上謁,拜右拾遺。房琯布衣時與甫善,琯時兵敗罷相,甫上疏言罪細不宜免大臣,肅宗怒,貶琯爲刺史,出甫爲華州司功參軍,關輔饑,輒棄官去,客秦州,負薪採橡栗自給,兒女餓殍者數人。久之召補京兆功曹參軍,不至。會嚴武節度劍南,甫往依之。武卒,崔旰等亂,甫往來梓夔間。大曆中,出瞿塘,下江陵,泝沅湘,以登衡山,因客耒陽,游嶽祠,大水遽至,涉旬不得食,縣令具舟迎之,乃得還。永泰二年,啗牛肉白酒,一夕而卒,年五十九。甫有文集六十卷,其詩爲最著,後人稱甫爲詩聖。新唐書文藝傳贊曰:『唐興,詩人承陳隋風流,浮靡相矜。至宋之問、沈佺期等研揣聲音,浮切不差,而號律詩,競相襲沿。逮開元間,稍裁以雅正,然恃華者質反,好麗者壯違,人得一概,皆自名所長。至甫,渾涵汪茫,千彙萬狀,兼古今而有之,他人不足,甫乃厭餘,殘膏賸馥,沾丐後人多矣。故元稹謂詩人以來,未有如子美者。甫又善陳時事,律切精深,至千言不少衰,世號詩史。昌黎韓愈於文章慎許可,至歌詩獨推曰:「李杜文章在,光燄萬丈長。」誠可信云。』 (范)

杜威 John Dewey

美之哲學家兼教育家也。生於一八五九年。一八九四年任芝加哥大學哲學教授,兼教育學院院長。一九〇四年後,任哥倫比亞大學教授。一九一九年,來華講學;於我國教育之革新,甚有影響。著作宏富,其重要者則有學校與社會(School and Society,1900) 論理學說研究 (Studies in Logical Theory,1903) 倫理學 (Ethics, with Tufts, 1908) 思想論 (How We Think, 1909) 達爾文在哲學上之影響及其他論文 (Influence of Darwin on Philosophy and other Essays, 1910) 平民主義與教育 (Democracy and Education, 1916) 創造的智慧 (Creative Intelligence, with Moore and others, 1917) 哲學之改造 (Reconstruction in Philosophy, 1920) 人性與行爲 (Human Nature and Conduct, 1922) 經驗與自然 (Experience and Nature,1925) 等。茲分三節述其學說如下:

【杜氏哲學之根本觀念】 杜威在哲學上,常與詹姆士(William James)、席勒爾(F. C. S. Schiller)等,同稱爲實效主義者。所謂實效主義(Pragmatism),詹姆士謂爲『一種解決玄學上爭論的方法。無此方法,則有許多爭論,永無終結。世界是一抑是多?定命的抑自由的?物質的抑精神的?此諸觀念,每個都與此世界可以適合或不適合。爭論起來,無有終點。實效主義的方法,則在探索每個觀念在實際上的效果,以決定其意義。』觀念本身,無眞與僞。其在人生行爲上運用成功者爲眞,不成則爲僞。此其眞理論之源於科學之實驗方法者也。其視宇宙與人生,爲一綿延不斷之演化,常在創造與成長之中。此其人生論之源於演化論者也。杜威本此二旨,而益以平民主義一概念融貫之。復分述如次:

(一)工具的眞理論——吾人之知識、理論,皆爲應付環境解除困難之工具;知識之正確與否,視其有此功用與否而定之。故氏謂:『觀念、意義、概念、理論等,既爲改組環境

孟宪承为《教育大辞书》撰“杜威”词条第一页,商务印书馆1930年版

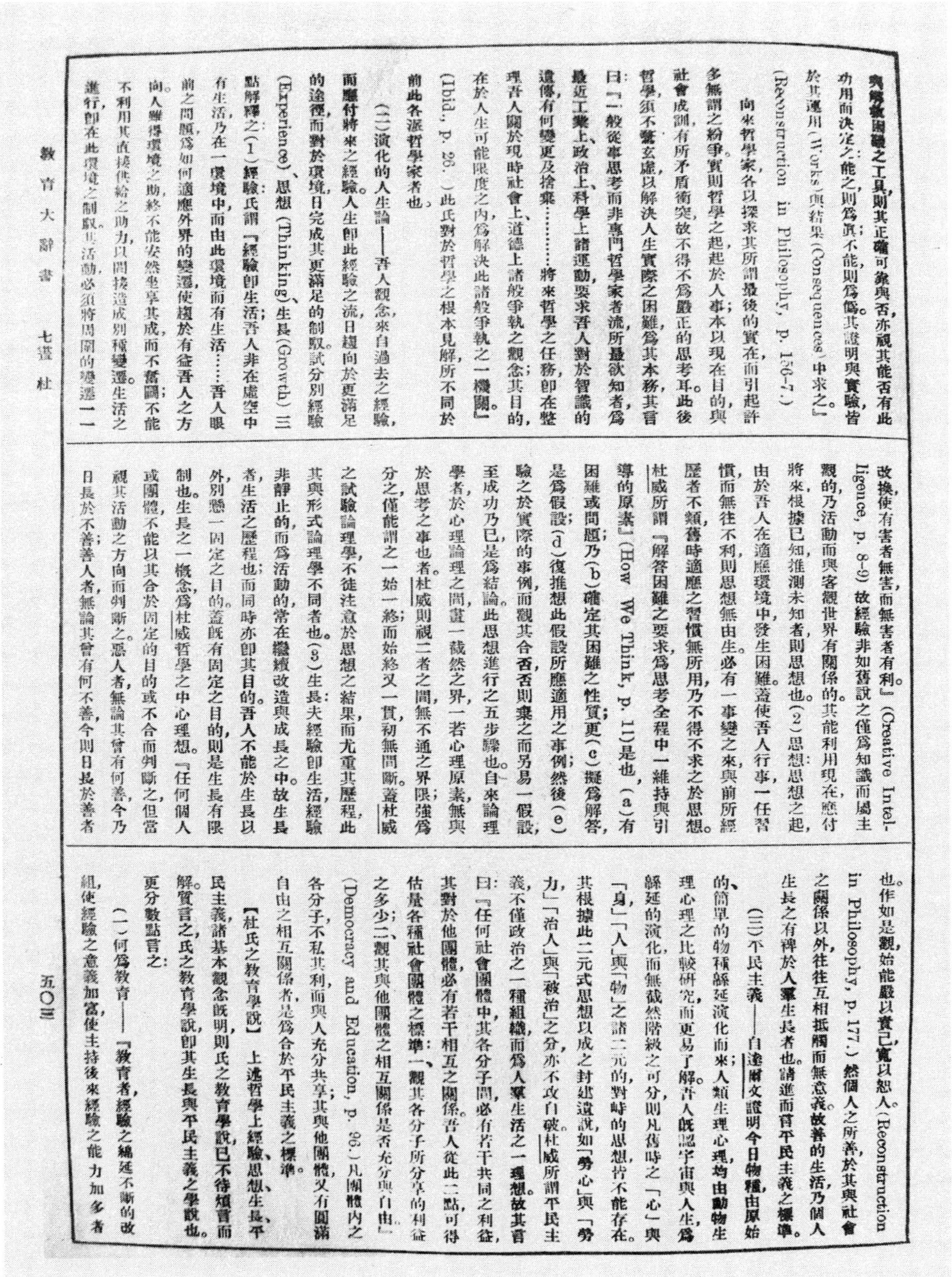

與解決困難之工具，則其正確可靠與否，亦視其能否有此功用而決定之；能之則爲眞，不能則爲僞。其證明與實驗，皆於其運用（Works）與結果（Consequences）中求之。』(Reconstruction in Philosophy, p. 156–7.)

向來哲學家各以探求其所謂最後的實在，而引起許多無謂之紛爭。實則哲學之起，起於人事；本以現在目的，與社會成訓，有所矛盾衝突，故不得不爲嚴正的思考耳。此後哲學須不鶩玄虛，以解決人生實際之困難，爲其本務，其言曰：『一般從事思考而非專門哲學家者流所最欲知者，爲最近工業上、政治上、科學上諸運動，要求吾人對於智識的遺傳，有何變更及捨棄……將來哲學之任務，卽在整理吾人關於現時社會上、道德上諸般爭執之觀念；其目的，在於人生可能限度之內，爲解決此諸般爭執之一機關。』(Ibid., p. 26.) 此氏對於哲學之根本見解，所不同於前此各派哲學家者也。

（二）演化的人生論——吾人觀念，來自過去之經驗，而應付將來之經驗。人生卽此經驗之流，日趨向於更滿足的途徑，而對於環境，日完成其更滿足的制馭。試分別經驗（Experience）、思想（Thinking）、生長（Growth）三點解釋之：（1）經驗：氏謂『經驗卽生活；吾人非在虛空中有生活，乃在一環境中，而由此環境而有生活……吾人眼前之問題，爲如何適應外界的變遷，使趨於有益吾人之方向。人雖得環境之助，終不能安然坐享其成，而不奮鬭；不能不利用其直接供給之助力，以間接造成別種變遷。生活之進行，卽在此環境之制馭。其活動，必須將周圍的變遷一一改換，使有害者無害，而無害者有利。』(Creative Intelligence, p. 8–9) 故經驗非如舊說之僅爲知識，而屬主觀的，乃活動而與客觀世界有關係的。其能利用現在，應付將來，根據已知，推測未知者，則思想也。（2）思想：思想之起，由於吾人在適應環境中，發生困難。蓋使吾人行事，一任習慣，而無往不利，則思想無由生。必有一事變之來，與前所經歷者不類，舊時適應之習慣無所用，乃不得不求之於思想。杜威所謂『解答困難之要求，爲思考全程中一維持與引導的原素』(How We Think, p. 11)是也。（a）有困難或問題，乃（b）確定其困難之性質，更（c）擬爲解答，是爲假設；（d）復推想此假設所應適用之事例，然後（e）驗之於實際的事例，而觀其合否，否則棄之而另易一假設，至成功乃已，是爲結論。此思想進行之五步驟也。自來論理學者，於心理論理之間，畫一截然之界，一若心理原素，無與於思考之事也者。杜威則視二者之間，無不通之界限；強爲分之，僅能謂之一始一終；而始終又一貫，初無間斷。蓋杜威之試驗論理學，不徒注意於思想之結果，而尤重其歷程，此其與形式論理學不同者也。（3）生長：夫經驗卽生活，經驗非靜止的，而爲活動的，常在繼續改造與成長之中。故生長者，生活之歷程也；而同時亦卽其目的。吾人不能於生長以外，別懸一固定之目的。蓋既有固定之目的，則是生長有限制也。生長之一概念，爲杜威哲學之中心理想。『任何個人或團體，不能以其合於固定的目的或不合而判斷之，但當視其活動之方向而判斷之。惡人者，無論其曾有何善，今乃日長於不善；善人者，無論其曾有何不善，今則日長於善者也。作如是觀，始能嚴以責己，寬以恕人。(Reconstruction in Philosophy, p. 177.) 然個人之所善，於其與社會之關係以外，往往互相抵觸而無意義。故善的生活，乃個人生長之有裨於人羣生長者也。請進而言平民主義之標準。

（三）平民主義——自達爾文證明今日物種，由原始的、簡單的物種緜延演化而來；人類生理心理，均由動物生理心理之比較研究，而更易了解。吾人既認宇宙與人生，爲緜延的演化，而無截然階級之可分，則凡舊時之「心」與「身」，「人」與「物」之諸二元的，對峙的思想，皆不能存在。其根據此二元式思想以成之封建遺說，如「勞心」與「勞力」，「治人」與「被治」之分，亦不攻自破。杜威所謂平民主義，不僅政治之一種組織，而爲人羣生活之一種理想。故其言曰：『任何社會團體中，其各分子間，必有若干共同之利益，其對於他團體，必有若干相互之關係。吾人從此二點，可得估量各種社會團體之標準：一、觀其各分子所分享的利益之多少；二、觀其與他團體之相互關係是否充分與自由。』(Democracy and Education, p. 96.) 凡團體內之各分子，不私其利，而與人充分共享；其與他團體，又有圓滿自由之相互關係者，是爲合於平民主義之標準。

【杜氏之教育學說】 上述哲學上經驗、思想、生長、平民主義諸基本觀念既明，則氏之教育學說，已不待煩言而解。質言之，氏之教育學說，卽其生長與平民主義之學說也。更分數點言之：

（一）何爲教育——『教育者，經驗之綿延不斷的改組，使經驗之意義加富，使主持後來經驗之能力加多者

教育大辭書　七畫　杜

五〇三

孟宪承为《教育大辞书》撰“杜威”词条第二页，商务印书馆 1930 年版

也。」(Democracy and Education, p. 96) 此歷程爲生長，而其目的，亦即爲生長。生長以外，無固定之目的。有之，則是生長有限制也。既無固定之目的，則教育又何從使兒童對於生活，有固定之預備？故曰：「教育即生活，非生活之預備也。」(My Pedgogic Creed.) 生活既爲一緜延的演化，不能強爲分割，而有「心」與「身」，「人」與「物」之對峙。心之作用，絕不能與軀體及其運用物的活動相離。則凡教育上「文化」與「職業」，「理知」與「實用」，「休暇」與「工作」等之分判，爲平民主義實現之障礙者，舉不能存在也。

（二）何爲學校——教育既爲生活，「學校即社會生活之一種組織，凡可以使兒童分享人類文化遺傳，與運用其自己能力之各種勢力，俱集中於其間。」(My Pedagogic Creed.) 教師與兒童既須分享其生活之經驗；而學校與其他社會組織，又須有圓滿與自由的相互關係，如是方合平民主義之理想。

（三）何爲課程——教師與兒童此時此際所分享之經驗，即爲課程，非由外鑠（教師或他人所決定）之材料也。經驗之改組，無或間斷；其擴張無限制；則課程亦自不能固定。課程之內容，非即文字，非即書本，乃至非即知識，乃此活潑潑地之活動，常在教師與兒童創造之中。

（四）何爲方法——「如何組織課程（活動），使運用之最有效力，即爲方法：非課程以外，別有一物焉，謂之方法也。」(Democracy and Education, p. 194) 舊說以方法爲傳授課程之固定手續，（由於視物與心爲二元）與生長之旨不合；以方法爲教師主動之程序，而不知其爲教師兒童經驗之分享者，亦與平民主義相違。故杜威以課程與方法爲一體 (Unity of subject-matter and method)。

【杜氏之教育試驗及其影響】 氏於一八九六年在芝加哥創設試驗學校，收受四歲至十三歲之兒童，以實施其教育學說。自述其試驗學校之主旨凡三：

（一）學校之根本任務，在訓練兒童合作互助之生活。

（二）一切教育活動之根本，在兒童之本能的，衝動的態度與活動，而不在外界材料（無論由他人觀念或自己感覺所得）之提示與應用。故兒童自發的活動、遊戲、模仿，以至表面上無意義之嬰兒動作，前此認爲無益或且有害者，皆有教育的作用，且爲教育法之基礎。

（三）此兒童活動，應組織、指導，以成合作互助之生活：利用適合兒童程度之成人社會代表的活動及作業，使由製作及創造的活動，獲得有價值的知識。(School and Society, pp.111-112.)

右第一點示教育之旨趣（平民主義的生活），第二點釋課程（活動），第三點釋方法（活動之組織），其意皆一貫也。

氏試驗學校課程與方法之中心，即所謂適合兒童程度之成人社會代表的作業是也。此種作業，爲紡織、縫紉、烹飪、木工數類，皆人所取得衣、食、住，以制馭自然之具。其教學之目的，不在職業的陶冶，而在由此獲得有價值的知識，啓發兒童關於事物的思想，並養成社會生活中合作互助之習慣。

此爲三十年來教育上最偉大之試驗。手工作業之運動，自福祿培爾以後，以氏鼓吹之功爲多。至於課程之改造，（由固定的教材，而爲豐富的活動）方法之革新，（由系統教學法，至問題，設計教學法）非氏直接所倡導，即氏說間接所暗示。若其生長與平民主義之基本原理，則已形成各國教育上之普遍思潮。氏所以爲今日教育思想之領袖者，非無故也。

（孟憲承）

杜里舒 Hans Driesh

杜里舒，德之生物學家兼哲學家也。於一千八百六十七年生於來因普魯士 (Rhenish Prussia) 之克魯次那哈 (Kreuznach)。一千八百八十九年，畢業於耶拿大學。一千八百九十年，往熱帶搜集動物。翌年在意大利海岸的里雅斯德 (Trieste) 旅行研究。一千八百九十一年至一千九百年間，在意大利那不勒斯 (Naples) 德國所設之地中海生物研究室中從事實驗。一千九百零九年，爲海得爾堡大學講師。越二年，升任二等教授。一千九百一十七年，入千恩大學爲一等教授。一千九百二十一年，入來比錫大學爲教授。翌年，來我國講演一年。杜里舒在生物學上主張生機主義，其哲學即由此出發。生物學上原有機械主義與生機主義兩派，其由來甚久。晚近之機械主義倡於威士曼 (Weismann)，嗣魯氏 (Roux) 取蛙卵之發達者，於其由一細胞分裂爲二細胞時，以熱針破壞其一，而培養其未破壞者，使發達成胎。此未破壞之細胞於成胎之時僅得其半。此事可視爲與機械主義所期者相同：蓋原有之機械破

孟宪承为《教育大辞书》撰“杜威”词条第三页，商务印书馆1930年版

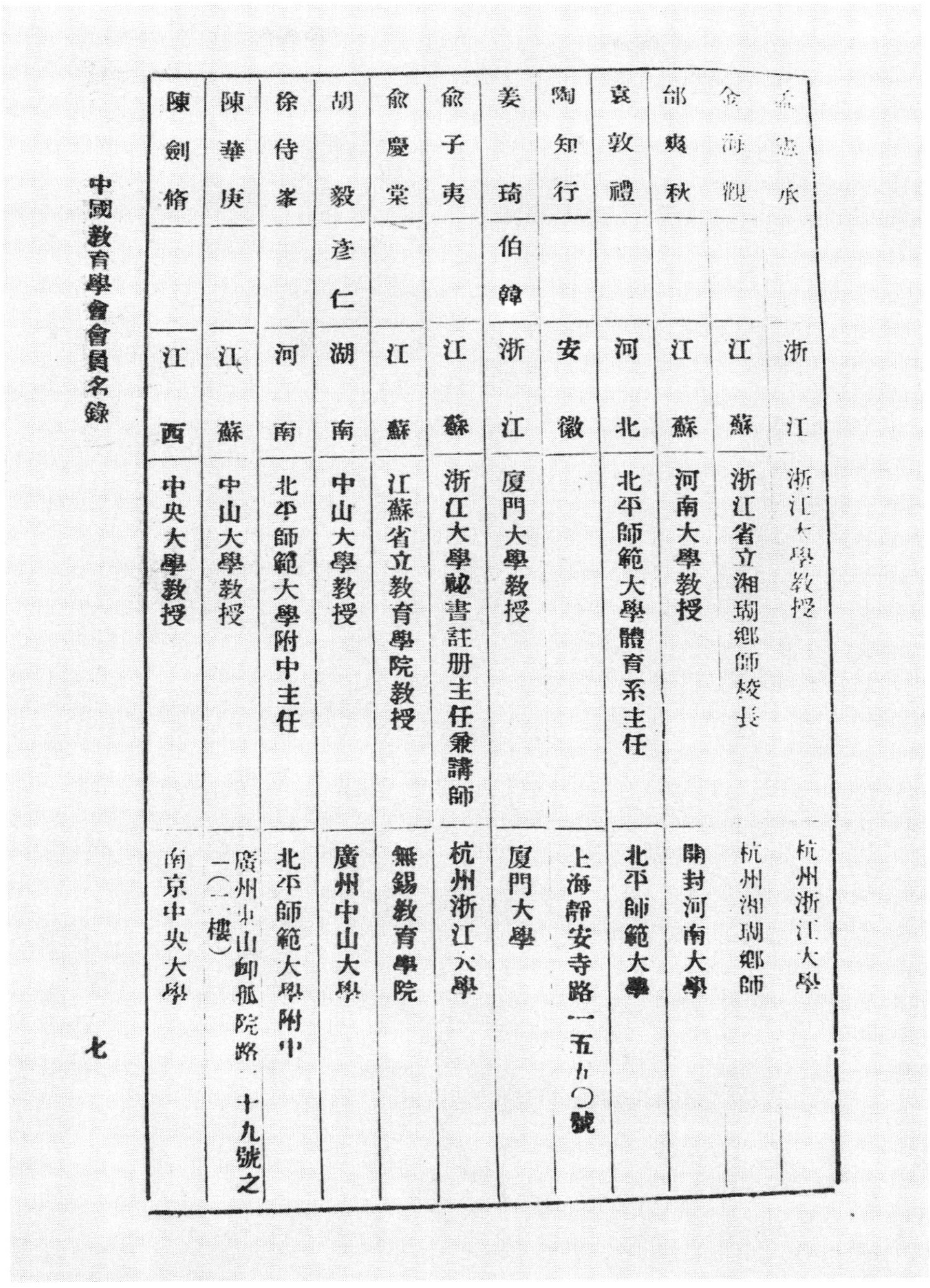

中國教育學會會員名錄

孟憲承		浙江	浙江大學教授	杭州浙江大學
金海觀		江蘇	浙江省立湘湖鄉師校長	杭州湘湖鄉師
邰爽秋		江蘇	河南大學教授	開封河南大學
袁敦禮		河北	北平師範大學體育系主任	北平師範大學
陶知行		安徽		上海靜安寺路一五九〇號
姜琦	伯韓	浙江	廈門大學教授	廈門大學
俞子夷		江蘇	浙江大學祕書註册主任兼講師	杭州浙江大學
俞慶棠		江蘇	江蘇省立教育學院教授	無錫教育學院
胡毅	彥仁	湖南	中山大學教授	廣州中山大學
徐侍峯		河南	北平師範大學附中主任	北平師範大學附中
陳華庚		江蘇	中山大學教授	廣州東山卹孤院路一十九號之一（二樓）
陳劍翛		江西	中央大學教授	南京中央大學

七

孟宪承为中国教育学会创会会员。该会 1933 年正式成立于上海

74

國立浙江大學在職教職員登記表

姓名	別號	年齡	性別	照片
孟憲承		五十六	男	

籍貫	通訊處 現在	通訊處 永久	身體狀況 殘缺	身體狀況 疾病
江蘇省 武進 市縣 區鎮 路莊號	浙江大學 外西湖10號	無		胃病 衰弱

學歷

學校名稱	科系	期級	修業起訖時期	證件名稱件數
南洋公學	中院		公歷一九〇八年九月入學 一九一二年七月畢業	
約翰大學	外文系		公歷一九一二年九月入學 一九一六年七月畢業	學士
華盛頓大學	教育系		公歷一九一八年十一月入學 一九二〇年七月畢業	碩士
倫敦大學	研究院		公歷一九二〇年九月入學 一九二一年七月畢業	

經歷

機關名稱	職別	擔任職務	月薪	在職起訖時期	卸職原因	證件名稱件數
清華學校	教員		一〇〇	公歷一九一六年九月到職 一九一八年十月卸職	出國	
東南大學	教授	系主任		公歷一九二一年九月到職 一九二三年七月卸職		
約翰大學	同	系主任		公歷一九二三年八月到職 一九二六年七月卸職		
清華大學	同			公歷一九二六年八月到職 一九二七年七月卸職		
中央大學	同	系主任		公歷一九二七年八月到職 一九二九年七月卸職		
浙大	同			公歷一九二九年八月到職 一九三三年七月卸職		
中央大學	同			公歷一九三三年八月到職 一九三五年七月卸職		
江蘇教育學院	同	民眾教育研究		公歷一九三五年八月到職 一九三六年七月卸職		
北師大	同			公歷一九三六年八月到職 一九三八年七月卸職		
浙大(宜山)	同	系主任		公歷一九三八年八月到職 一九三九年七月卸職		
浙大(龍泉)	同			公歷一九四〇年八月到職 一九四一年七月卸職		
湖南師範學院	同		六〇〇	公歷一九四一年八月到職 一九四六年七月卸職		
浙大	同			公歷一九四六年八月到職 月卸職		
				公歷 年 月到職 月卸職		

孟宪承亲笔填的履历表复印件第一页(1949年)

73

家庭狀況

稱謂	姓名	職業	年歲
父			
母			
配偶	謝紉蕙		五十五
子	孟永祈	教員	三十二
子	孟永偉	會計	三十一
女			
女			

家庭經濟狀況

不動產	動產	歲入	歲出	個人負擔成數
基地壹畝（蘇州）		如薪給		兒子自立

著作或發明：

具有何種專長或技能：教育學　英文

現職簡述

職務	具體工作	每日工作時間	每月待遇	工作區域
教授、校務委員、院長		八小時	六六○	

工作意見：體力不勝，請免所兼職務，俾專心教授，努力學習。

曾加入之黨派團體

黨派團體名稱	所在地	加入年月	現在關係
教協	杭	一九四九	
中蘇文協	杭	一九四九	

已否銓敘	備註
	抗戰中證件已被燬

填表日期：公歷一九四九年十一月十一日

填表人簽名蓋章：孟憲承（印）

附記

一、本表須用毛筆正楷逐項鄭重填寫。不得潦草並應親自簽名蓋章。

二、「曾加入黨派團體」欄不論其性質為政治學術及職業等團體均應俱實填寫。

三、如欄內填寫已滿可以仿大同色光紙填寫貼於欄上。

孟宪承亲笔填的履历表复印件第二页(1949 年)

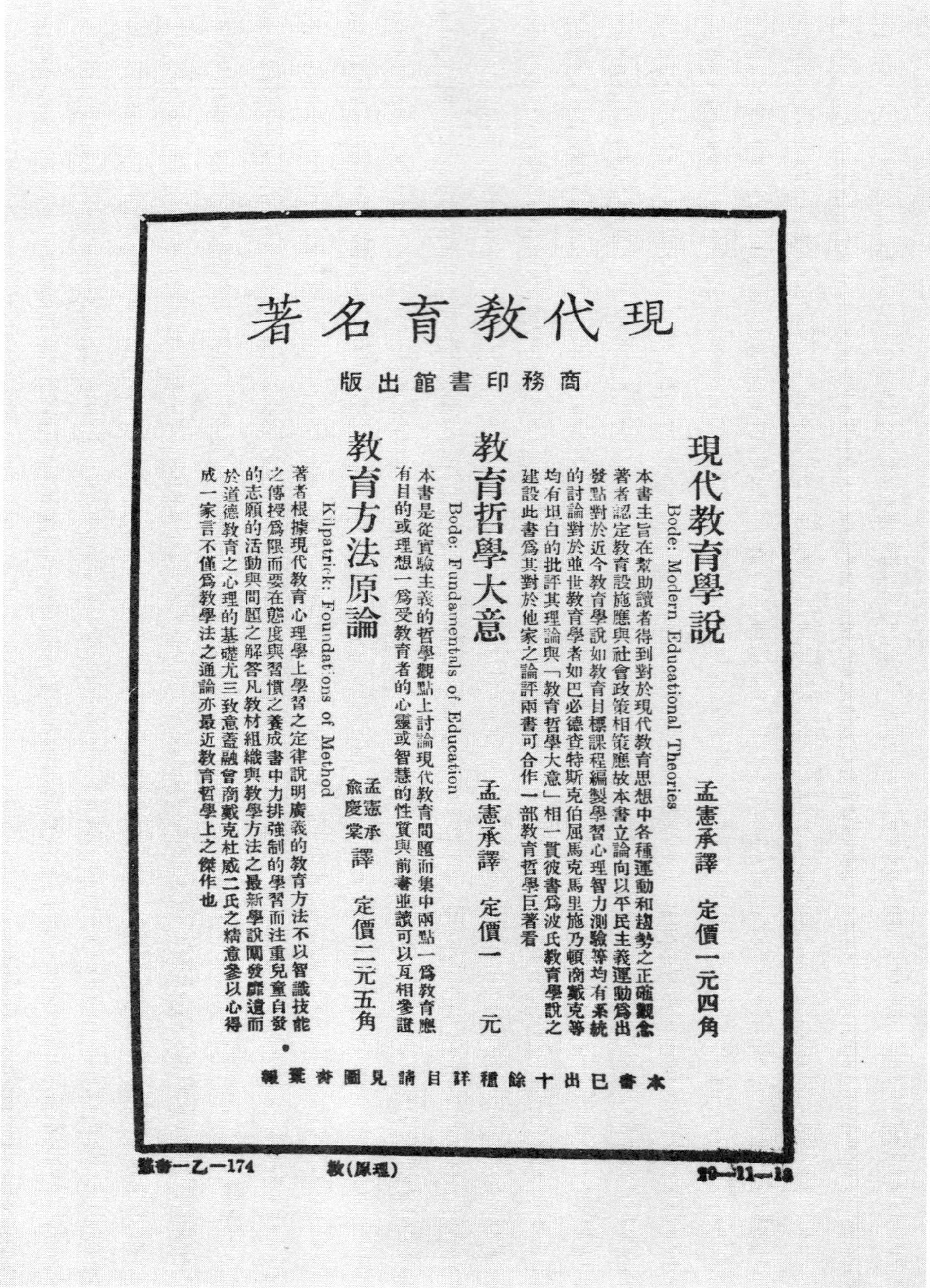
現代教育名著

商務印書館出版

現代教育學說

Bode: Modern Educational Theories

孟憲承譯　定價一元四角

本書主旨在幫助讀者得到對於現代教育思想中各種運動和趨勢之正確觀念著者認定教育設施應與社會政策相策應故本書立論向以平民主義運動爲出發點對於近今教育學說如教育目標課程編製學習心理智力測驗等均有系統的討論對於並世教育學者如巴必德查特斯克伯屈馬克馬里施乃頓商戴克等均有坦白的批評其理論與「教育哲學大意」相一貫彼書爲波氏教育學說之建設此書爲其對於他家之論評兩書可合作一部教育哲學巨著看

教育哲學大意

Bode: Fundamentals of Education

孟憲承譯　定價一　元

本書是從實驗主義的哲學觀點上討論現代教育問題而集中兩點一爲教育應有目的或理想一爲受教育者的心靈或智慧的性質與前書並讀可以互相參證

教育方法原論

Kilpatrick: Foundations of Method

孟憲承 俞慶棠 譯　定價二元五角

著者根據現代教育心理學上學習之定律說明廣義的教育方法不以智識技能之傳授爲限而要在態度與習慣之養成書中力排強制的學習而注重兒童自發的志願的活動與問題之解答凡教材組織與教學方法之最新學說闡發靡遺而於道德教育之心理的基礎尤三致意蓋融會商戴克杜威二氏之精意參以心得成一家言不僅爲教學法之通論亦最近教育哲學上之傑作也

本書已出十餘種詳目請見圖書彙報

滬審一乙一174　教(原理)　29—11—18

孟宪承译《现代教育学说》、《教育哲学大意》，以及与俞庆棠合译《教育方法原论》，辑入商务印书馆的“现代教育名著”丛书

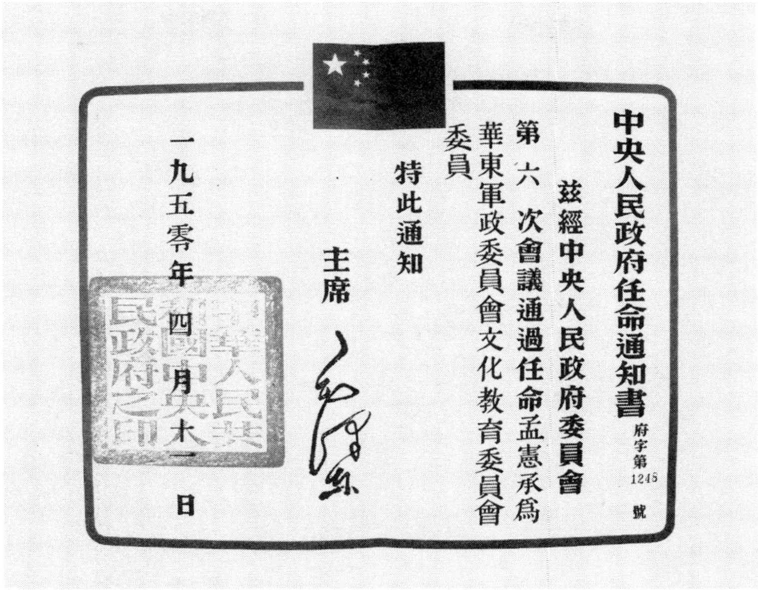

中央人民政府任命通知書

府字第1245號

茲經中央人民政府委員會
第六次會議通過任命孟憲承爲
華東軍政委員會文化教育委員會
委員

特此通知

主席 毛澤東

一九五零年四月十一日

中華人民共和國中央人民政府之印

中央人民政府任命孟宪承为华东军政委员会文化教育委员会委员的通知书(1950年)

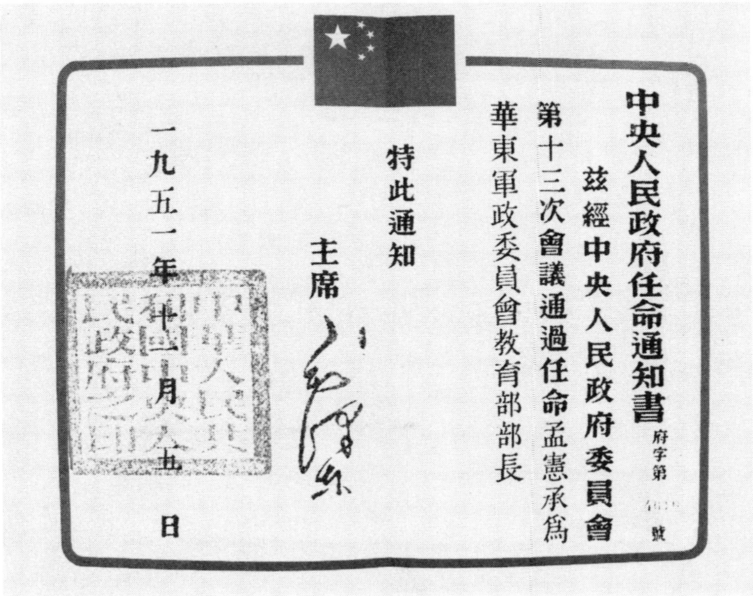

中央人民政府任命通知書

府字第[illegible]號

茲經中央人民政府委員會
第十三次會議通過任命孟憲承爲
華東軍政委員會教育部部長

特此通知

主席 毛澤東

一九五一年十一月五日

中華人民共和國中央人民政府之印

中央人民政府任命孟宪承为华东军政委员会教育部部长的通知书(1951年)

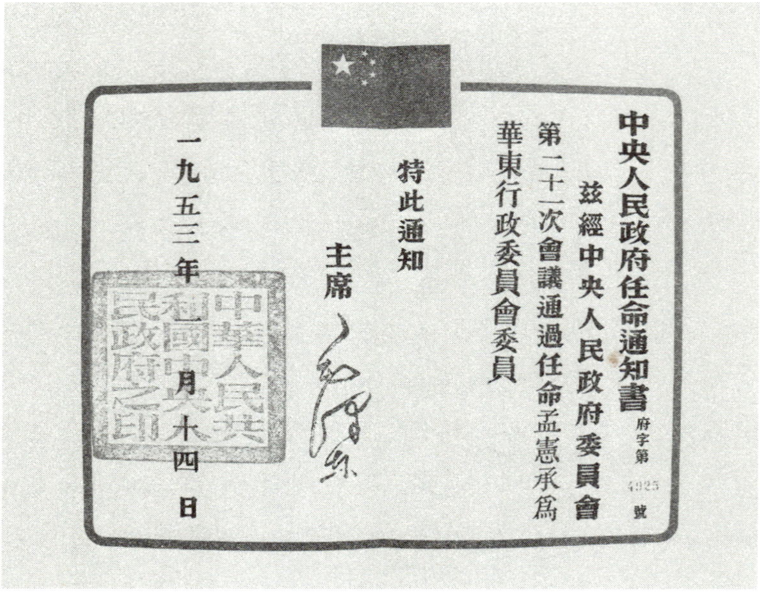

中央人民政府任命通知書 府字第4925號

茲經中央人民政府委員會
第二十一次會議通過任命孟憲承爲
華東行政委員會委員

特此通知

主席

一九五三年 月十四日

中华人民共和国中央人民政府之印

中央人民政府任命孟宪承为华东行政委员会委员的通知书(1953年)

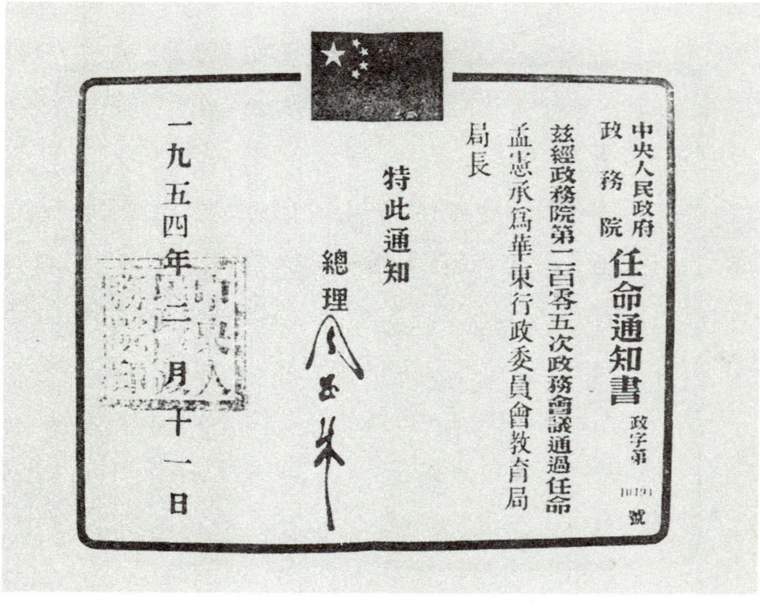

中央人民政府政務院任命通知書 政字第10191號

茲經政務院第二百零五次政務會議通過任命
孟憲承爲華東行政委員會教育局
局長

特此通知

總理

一九五四年 月十一日

中央人民政府政务院任命孟宪承为华东行政委员会教育局局长的通知书(1954年)

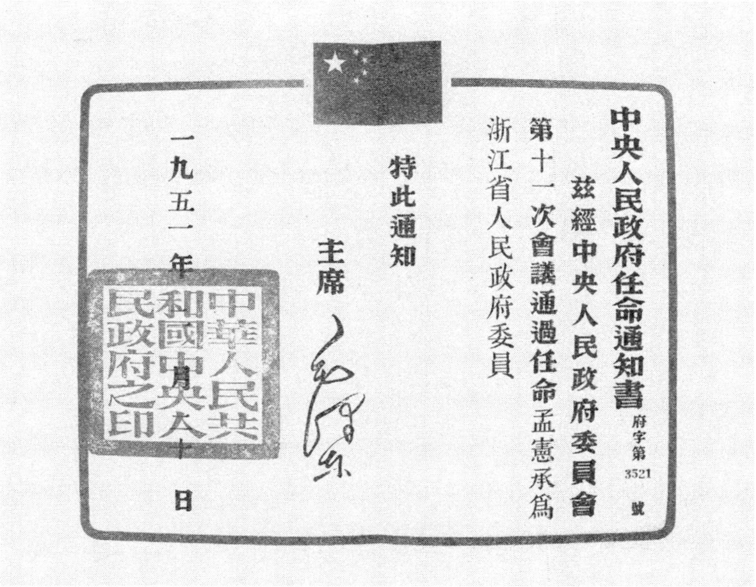

中央人民政府任命通知書 府字第3521號

茲經中央人民政府委員會第十一次會議通過任命孟憲承爲浙江省人民政府委員

特此通知

主席

一九五一年 月 十 日

中華人民共和國中央人民政府之印

中央人民政府任命孟宪承为浙江省人民政府委员的通知书(**1951**年)

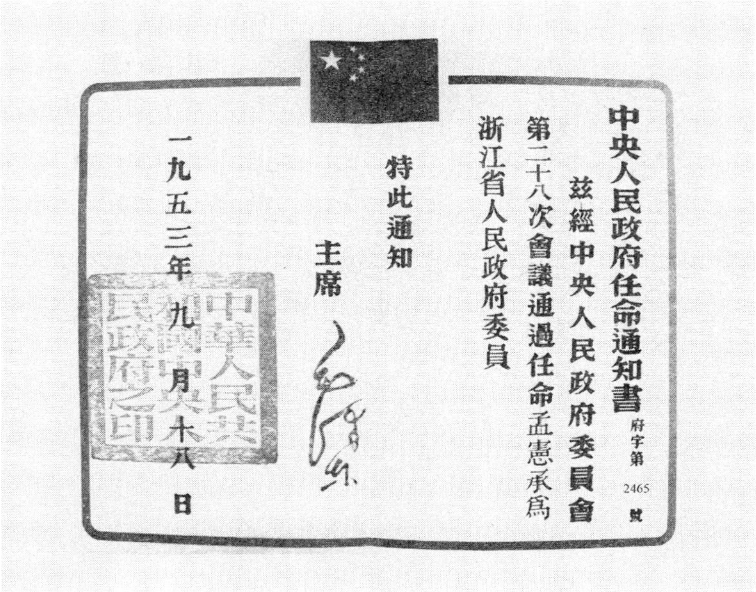

中央人民政府任命通知書 府字第2465號

茲經中央人民政府委員會第二十八次會議通過任命孟憲承爲浙江省人民政府委員

特此通知

主席

一九五三年九月十八日

中華人民共和國中央人民政府之印

中央人民政府任命孟宪承为浙江省人民政府委员的通知书(**1953**年)

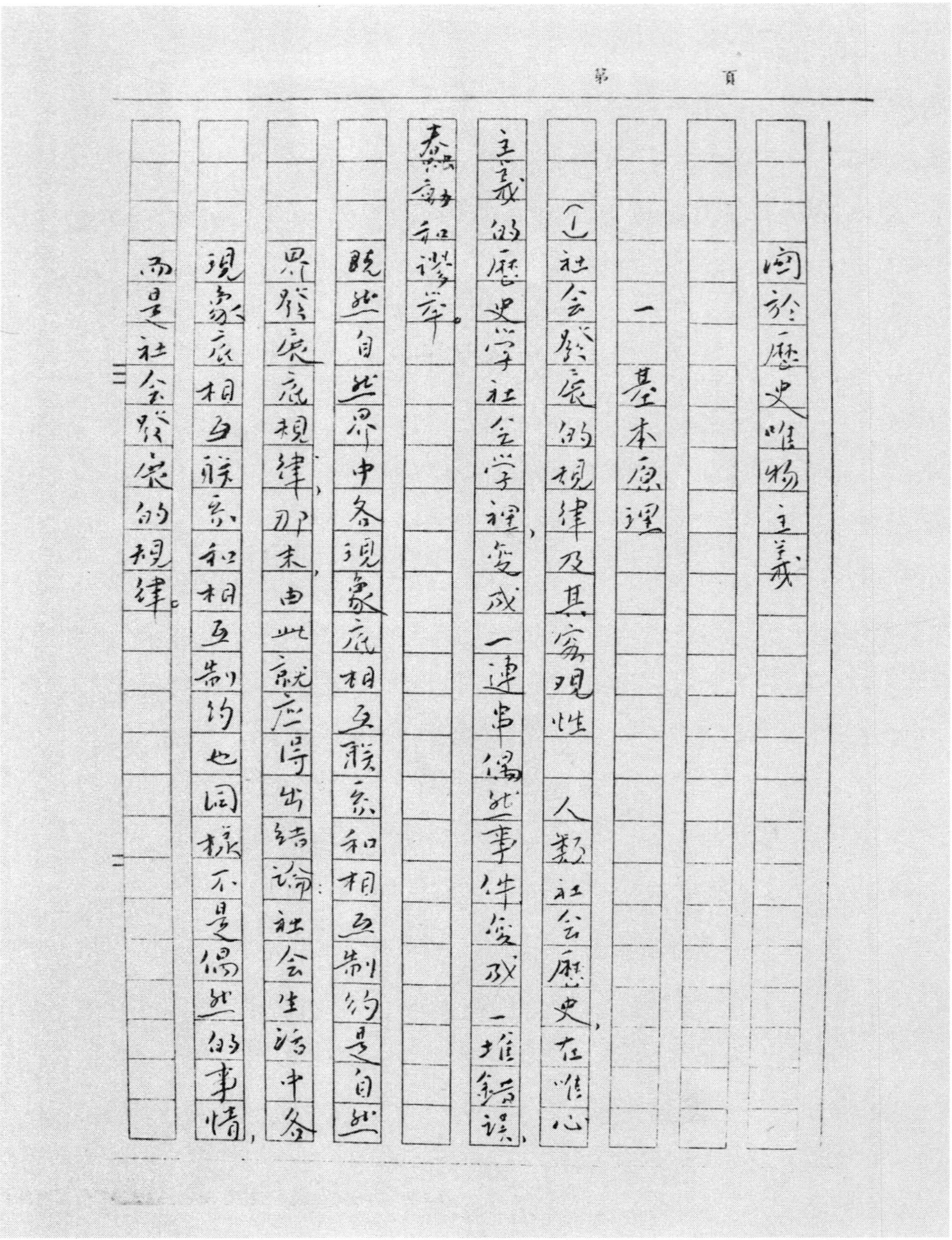

關於歷史唯物主義

一 基本原理

(1) 社会發展的規律及其客观性，人類社会歷史在唯心主義的歷史学社会学裡變成一連串偶然事件變成一堆錯誤、荒謬和謬誤。

既然自然界中各現象底相互聯系和相互制約是自然界發展底規律，那末由此就应得出結論：社会生活中各現象底相互聯系和相互制約也同樣不是偶然的事情，而是社会發展的規律。

孟宪承学习历史唯物论的读书笔记(1950 年代初)

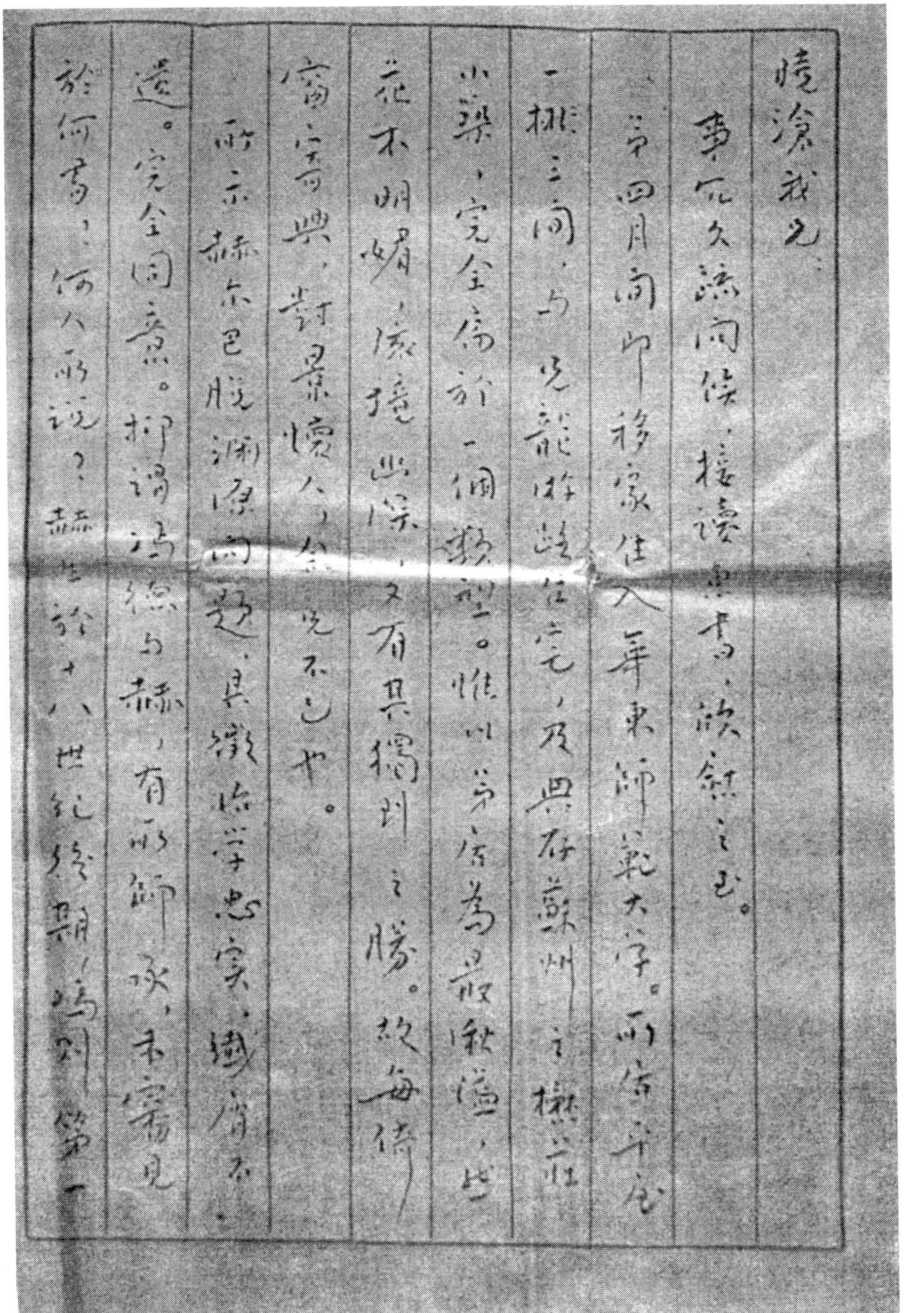
曉滄我兄：
事冗久疏問候，接讀來書，欣慰之至。
小弟四月間即移家住入華東師範大學。所住寓屋
一排三間，與兄龍游舊住宅，及與存蘇州之樸莊
小築，完全像於一個類型。惟此弟居為最愜適，此
花木明媚，依稀幽深，又有其獨到之勝。故每倚
窗寄興，對景懷人，令兄不已也。
所示赫爾巴脫淵源問題，具徵治學忠實，鑽研不
遺。完全同意。抑鄙論與赫爾，有所師承，未窺見
於何書，何人所說？赫生於十八世紀後期，為…第一

孟宪承致郑晓沧函第一页(1952年)

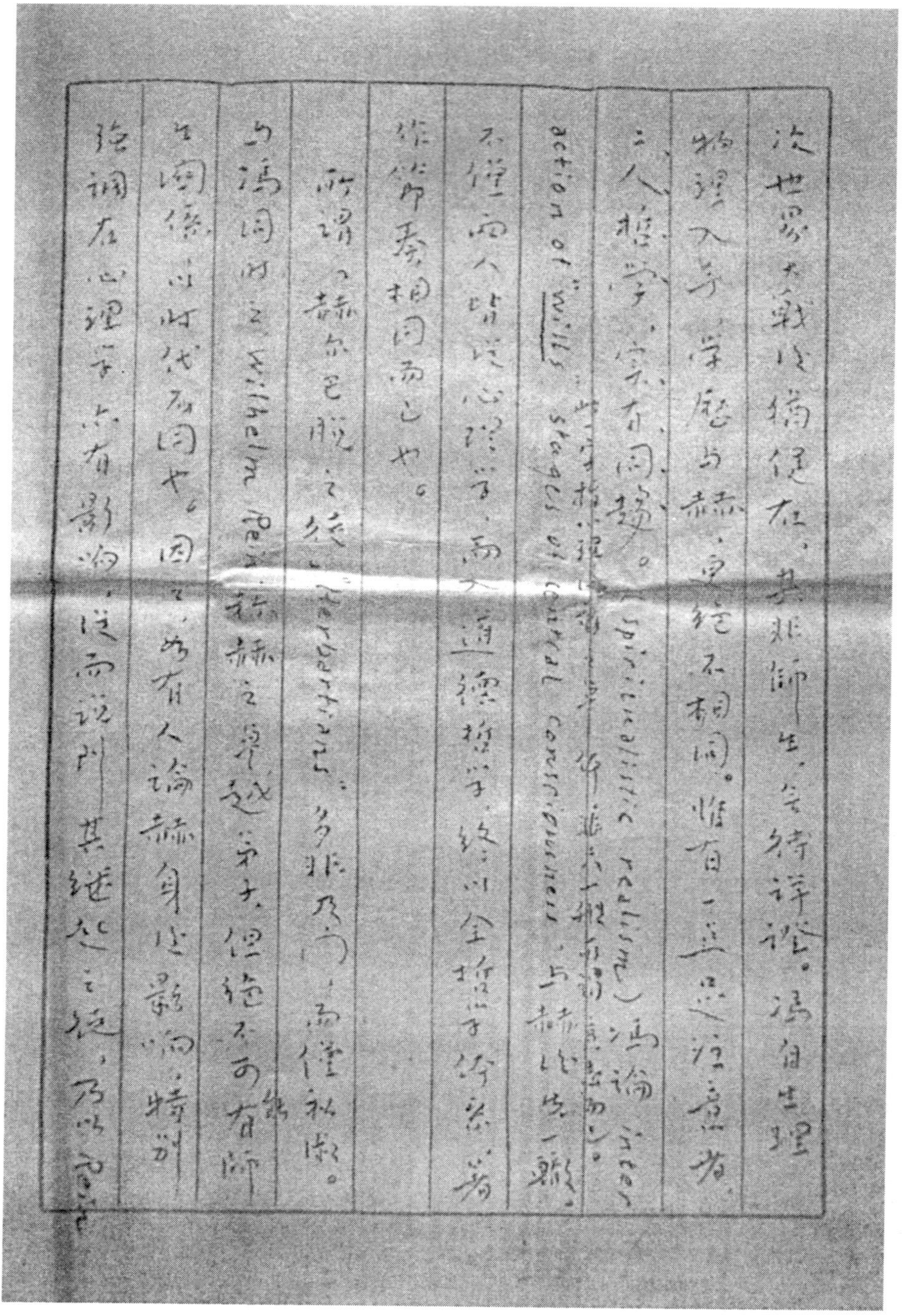

次世界大战后，犹健在，为北师生，容待详证。冯自生理
物理入手，学[illegible]与赫[illegible]，[illegible]不相同。惟有一点注意者，
二人于哲学、宗教同趋。（spiritualistic realism）而论 science
action of wills [illegible]，与赫氏之一致。
不仅两人皆从心理学，而入道德哲学，终以全哲学体系著
作，节奏相同而已也。
所谓之赫尔巴脱之后[illegible]，多非及门，而仅私淑。
如冯同时之[illegible]，[illegible]赫之[illegible]弟子，但绝不可有师
生关系，此时代所同也。因之，如有人论赫身后影响，特别
强调在心理学，亦有影响，从而说到其继起之德，乃以冯氏

孟宪承致郑晓沧函第二页

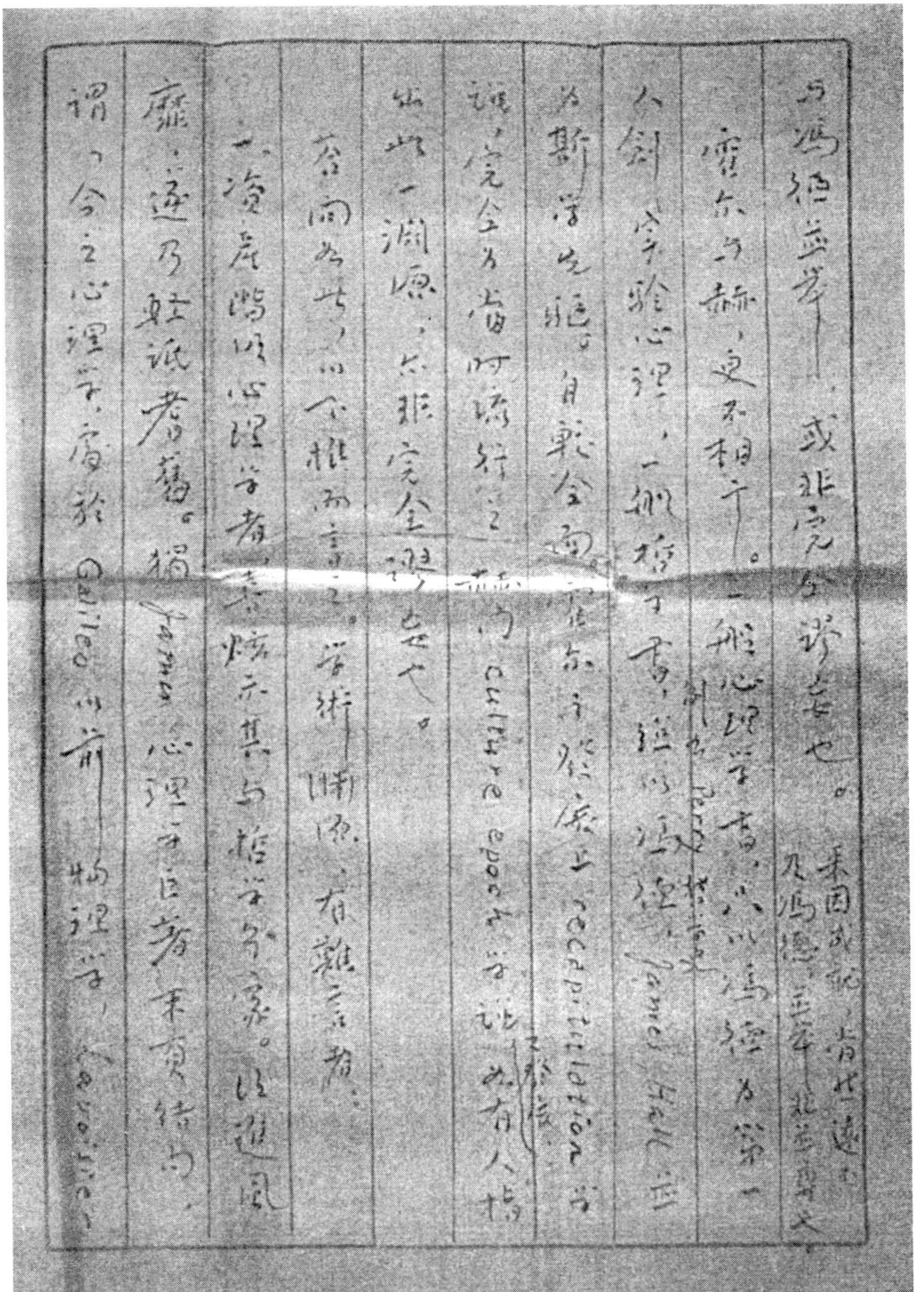

孟宪承致郑晓沧函第三页

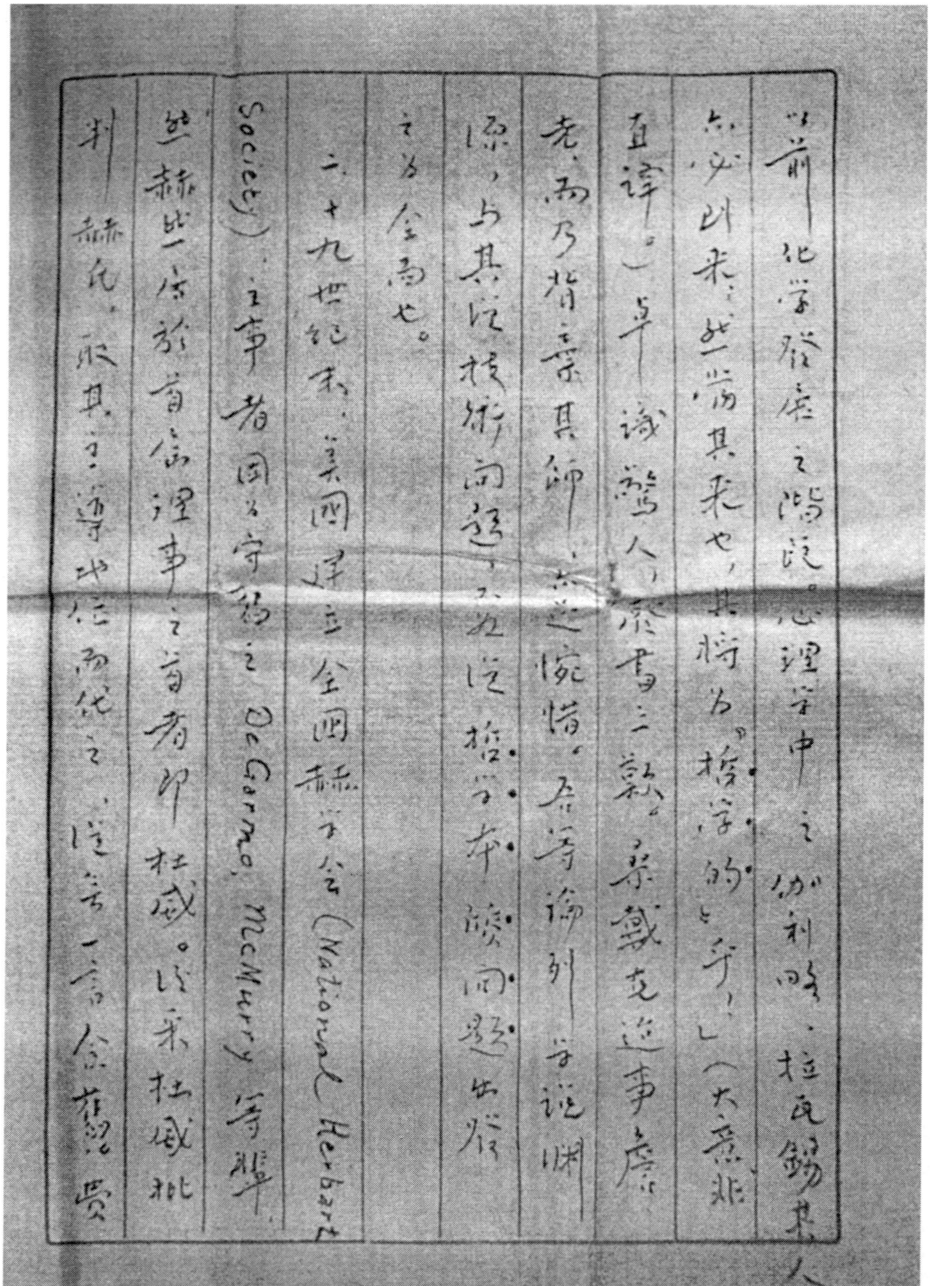
以前化學發展之階段，心理學中之伽利略、拉瓦錫其人亦必出來；然當其來也，其將為"哲學的"乎？（大意非直譯）卓識驚人，承當之歎。桑戴克述事歷者，而乃皆棄其師，亦速悔悟。吾等論列學說淵源，與其從技術問題，不如從哲學本體問題出發之為全面也。

三十九世紀末，美國建立全國赫爾巴特學會（National Herbart Society），主事者國之學者之 De Garmo、McMurry 等輩。然赫然一派於首倡理事之首者即杜威。後來杜威批判赫氏，取其主導地位而代之，從言一言，余在想貴

孟宪承致郑晓沧函第四页

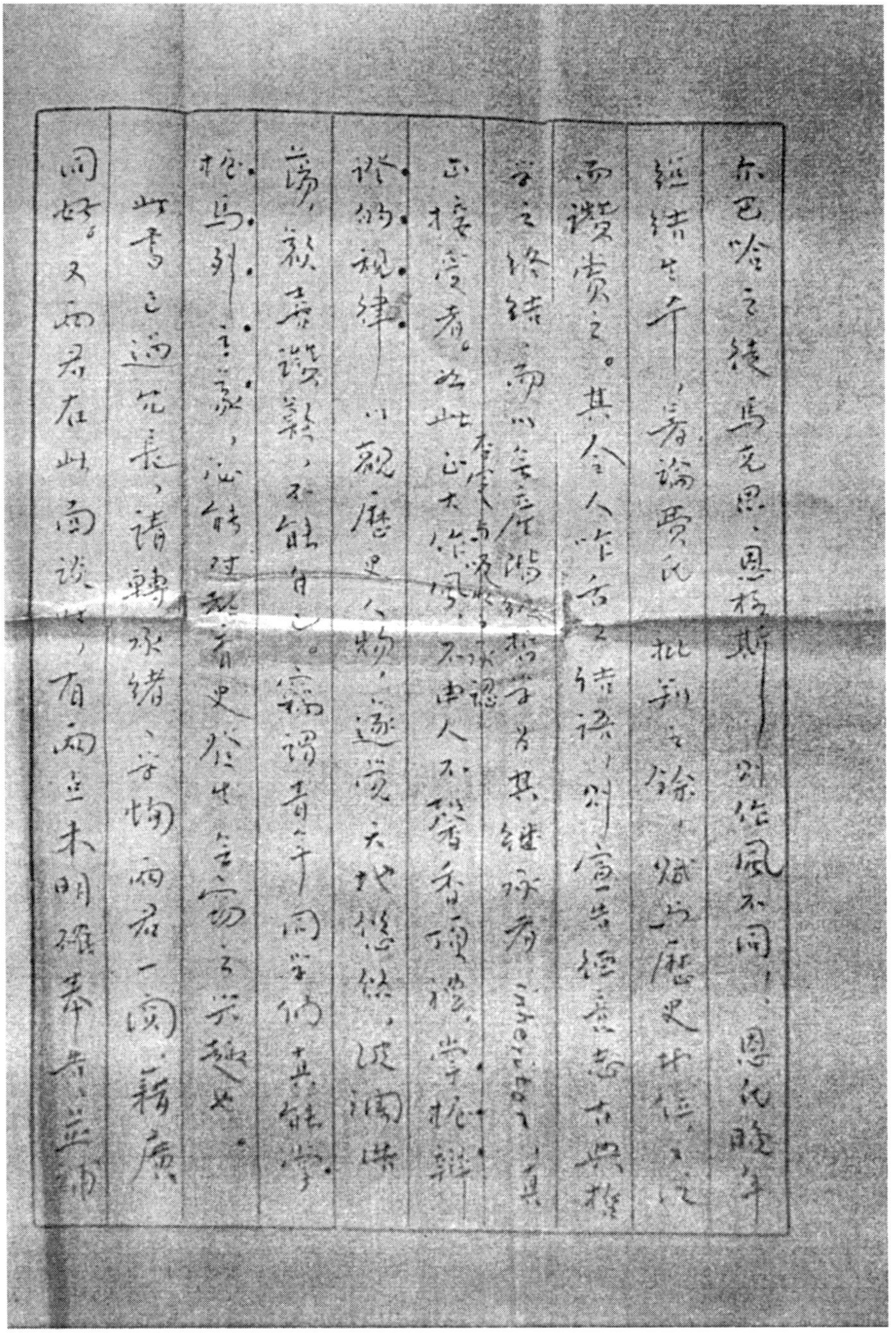

亦已論之後，馬克思、恩格斯、列作風不同，恩氏晚年

經請出千，若論費氏批判之餘，猶與歷史結合之

而讚賞之。其令人咋舌之語，則嘗告德意志與杜

林之終結，而以無產階級為哲學之繼承者（主要是德國工人），其

直接受者。如此正大作風，不由人不焚香頂禮，嘗於歷

術的規律，以觀歷史人物，遂覺天地悠然，渺渺無

窮，歎吾識藐，不能自已。竊謂青年同學倘真能學

於馬、列主義，必能對歷史發生無窮之興趣也。

此書之適先來，請轉承緒、守恂兩君一閱，藉廣

同好。又兩君在此面談時，有兩點未明確奉告，並補

孟宪承致郑晓沧函第五页

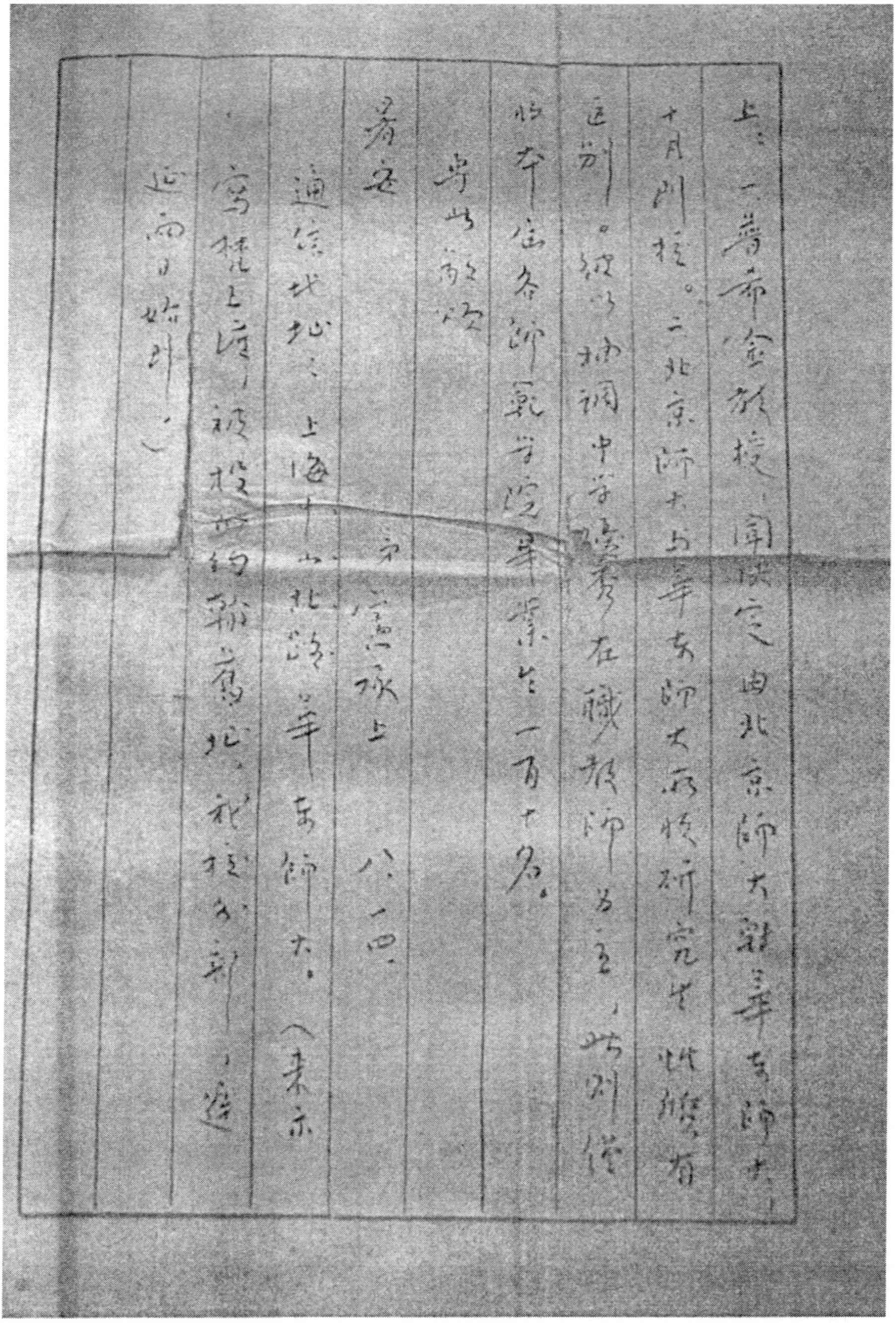

上：一、普希金教授，闻已定由北京师大调华东师大，十月间到校。二、北京师大与华东师大两校研究生情况有区别。彼以在职教师为主，此则仅收本届各师范学院毕业生一百七名。

专此敬颂

著安

弟 宪承 上 八、一四

通信地址：上海中山北路华东师大。（来示[illegible]上海，[illegible]校[illegible]，[illegible]，[illegible]近两日始到。）

孟宪承致郑晓沧函第六页

孟宪承在乔治·华盛顿大学留学期间的住处

孟宪承晚年在上海铜仁路的旧居所在

目录

原　序

这是1906年11月、12月我在波士顿的罗威尔研究所(Lowell Institute)，1907年1月在纽约哥伦比亚大学所讲的讲演录，照口说印成，没有加什么申说或附注。所谓实用主义(pragmatism)之运动——我不喜欢这个名词，但是现在要改它也太迟了，好像忽然凭空而来。其实哲学里已有的几个趋势，同时发生集合的自觉，且觉着它们共同的使命。这个运动，发起在许多国，有许多的观察点，所以结果是许多不一致的表述。我从个人眼光所见到，要做一个统一的说明，只叙大端，不详作繁琐的论辩。我相信：如若我们的批评家肯稍等几时，待我们的话说完了再批判，可省却许多无谓的争执。

如若这讲演录能引起读者对于实用主义的兴味，他一定愿望再读别的书，所以我给他几种参看的书籍。

在美国，杜威(Dewey)的《论理学说的研究》(*Studies in Logical Theory*)是基本。再读他在下列杂志里的论文：

Philosophical Review, vol. xv, pp. 113 - 465.

Mind, vol. xv, p. 293.

Journal of Philosophy, vol. iv, p. 197.

最好先读席勒(Schiller)的《人本主义的研究》(*Studies in Humanism*)，里面第一、五、六、七、十八、十九各篇尤要。席勒以前所做的论文，和这问题的一般辩论的文字，在他书里夹注内都可检出。

其次读：

米约(Milhaud), *Le Rationnel*, 1898.

勒罗伊(Le Roy)的论文，载在 *Revue de Métaphysique*, vols. 7, 8, 9。布隆德尔(Blondel)和德赛利(De Sailly)的论文，载在 *Annales de Philosophie Chrétienne Ame Série*, vols. 2 & 3。

巴比尼(Papini)曾宣布用法文著一关于实用主义的书，不久可出版了。

至少我要免除一个误解，就是实用主义和我近时主张的"极端经验主义"，其间没有论理的关系。后者靠自己存立的。一个人尽可完全否认，他却仍可为实用主义者。

1907 年 4 月哈佛大学

第一篇

哲学上现在的两难

切斯特顿的话

切斯特顿(Chesterton)自叙他的一部文集叫做《叛教徒》(*Heretics*)[1],其中有几句话:“有几个人——我就是其中的一个——想,关于一个人最实在最紧要的一件事,就是那个人对于宇宙的见解。我们想一个房主妇对于他的房客,要紧的是知道他收入的多少,但是更要紧的,是懂他的哲学。我们想一个将军出去打仗,要紧的是知道敌人的数目,但是更要紧的,是知道那敌人的哲学。我们不用问宇宙的原理,对于事物有影响没有,只须问除了这个以外,还有什么能影响事物。”

人人各有一哲学

这一点,我是和切斯特顿先生同意的。我知道你们各人有一种哲学,而且关于各人最有趣最要紧的一件事,就是各人的哲学怎样决定了各人的宇宙观,你们知道我也是一样。可是我现在要和你们讲起这哲学来,心里很有些惴惴的。因为我们各人所必需的哲学,并不是一种专门学术;而只是大家感着人生的一种老实的深切的意义。从书上得来的哲学,不过是哲学的一部分;它的大部分,就是我们各人对着宇宙的观感的方法。我不能一定想,你们中有多数人是宇宙学的学生,然

〔1〕 今译为《异教徒》。——编校者

而我站在这里，却要想引起你们在一种哲学上的兴味。这种哲学，讲起来，少不了要用些专门学术的叙述法。我要把我所笃信的一种新趋向说出来，使你们大家表同情。你们虽不是学生，我却来讲大学教授所讲的话。不论什么宇宙，只要是哲学教授所信仰的，说来总是话长的。两句话就可界说明白的宇宙，那是用不着教授的智力去想的。对着那样浅陋的东西，他怎会有信仰呢？我听见我的朋友和同事，也有在这会堂里讲过哲学的，他们没有讲多少话，人家就嫌他们干燥无味，所以他们的结果少有完全满意的。我现在的尝试也大胆了。实用主义(pragmatism)的倡始者**译者按：此指 C. S. Peirce**，近来自己也在罗威尔研究所(Lowell Institute)演说了几回，讲题就是这个名词，真好像黑夜里放出明光了！他说的，我想也没有人全懂，我现在站在这里，还要去经历那同样的冒险。

我冒这个险，也因为那些讲演，听的人很多。大凡我们听人谈起高深的学理来，即使我们和谈者都不懂，也总有一种很怪的妙趣。我们都能感着那种问题的激刺，觉得一种“大”的存在。若是在吸烟室里，发生一个辩论，不论是关于意志自由，或是神的万能，或是善与恶，你可以看大家怎样的竦起了耳朵听着。哲学的结果和我们都有最重要的关系。哲学上最奇僻的辩论，也很愉快的引起我们精微巧妙的感觉。

我是笃信哲学的人，又信我们哲学家将看见一种新曙光，所以觉得不论说得对不对，总要拿现时的消息传达给你们。

哲学是人类事业中最高远的，也是最琐细的。它在最狭小的罅隙里用力，辟出最阔大的景地来。人说它“烘不了什么面包”，然而它却能振起我们的灵魂，教它勇敢。它的模样、它的疑惑和诘难、它的游辞和辩论，常人多见它讨厌的；然而在这世界的观念上，要是没有哲学上发出的几条远照的明光，我们就不能一朝居。它的光辉，和那因此光辉而生的黑暗和奥妙，就能使它所说的话发生一种趣味。这种趣味，不限于专门学者的了。

气质是哲学思想中一要素

哲学史的大部分，是人类气质的抵触的历史。这个说法，我的同侪中间，或者有人以为失体的，但是我不能不把这抵触说个明白，再拿它来解释哲学家的许多争点。凡专门的哲学者，不问他有哪种气质，当他作哲学的思想时，常要遮盖那气质的一要素，因为一个人所有的气质，习惯上不认它成为一个辩论的理由，所以哲学者辩护他的结论时，须提出一些不关个人的理由。其实他的气质所给他的偏执，比那客观的前提所给他的，还是强得多。两头的证据本来一样，只要加上一个气质，一头就重多了。他的宇宙的观念，或是偏重感情的，或是偏重硬心的，都是随着气质而定，也同随着这个事实或那条原理一样的。他总信托他的气质。他要一个能合他气质的宇宙，所以无论何种宇宙的解释，若能合他的气质，他就信仰。凡是和他气质相反的人，他就觉得他们不懂世界的性质。虽是他们的辩论能力比他还高明，他心里总想，这样人在哲学上总是门外汉，总是不胜任的。

然在辩论会上，他不能仅据他的气质，来争他的辨别力或学问的优胜。于是我们哲学的辩论里，乃发生一种不诚实：我们前提中最重大的前提永远没人提起的。在我们这讲演里，倘使破除了这个先例，把它说了出来，在明了上一定很有补助，所以我觉得很自由的说了。

我说的，自然是指那些确然特别的人，有根本的特性的人，能把他们的肖像印在哲学上，能在哲学史上占个地位的人。柏拉图（Plato）、洛克（Locke）、黑格尔（Hegel）、斯宾塞（Spencer）都是这样有气质的思想家。至于我们普通人，在思想上多数没有确定的气质，我们是两种相反气质的混合物，每种气质都有些，却没有一种特强的。在抽象的事物上，我们不大知道自己有什么偏好，就是有了，也只要人家一说，便会改掉的，结果还是跟着风尚走，或是依着近旁最动人的哲学家的主张。但是哲学上至今以为有效力的一件事，就是一个人要能看事物，要拿他自己特别的法子去看事物，并且对于相反的看法，不当满意。我们不能说，这个坚强气质的幻想，在人类信仰的历史上，从此就不算重要。

唯理主义家与经验主义家

我现在心里所想的一种气质上的异点，是文学、美术、政治、礼貌和哲学上都有的。讲起礼貌来，就有拘泥礼节和不拘泥礼节的两派人；在政治上，有服从主义派和无政府主义派；在文学上，有练语派和写实派；在美术上也有拟古派和浪漫派。这些分别，大家承认的。在哲学上，我们也有相对的两派，就是"唯理主义家"（rationalist）和"经验主义家"（empiricist）。经验主义家，是爱事实的人，唯理主义家，是信仰抽象的永久的原理的人。事实和原理，不论哪一个人也不能一刻离的，所以这个差别，不过是注重点上的差别罢了。然而那注重点不同的人，竟彼此生出许多剧烈的恶感。我们就拿"经验主义家"和"唯理主义家"的两种气质来表示他们宇宙观念的差别，就觉得非常便当。有了这两个名词，这个比较也就觉得很简单，并且很概括的。

这些名词所指的人物，常时没有那样简单和概括。因为人性里，能有各种的性质联合。若是我们说到经验主义家和唯理主义家的时候，再加上些附属的区别名字，使我的意思更有满足些的界说，那末我请你们当我所说的话是有些任意独断的。我选出性质上两种的联合，这两种联合是常有的，却并非一律的。我所以选出这两种，单为便于帮助我表出实用主义的特质来。在历史上,我们知道"唯智主义"同着"唯觉主义"两个名词和"唯理主义"与"经验主义"是通用的。唯智主义常带一种唯心的乐观的趋向。经验主义家却又常偏于唯物的,他们的乐观不是绝对的,并且非常容易摇动。唯理主义必定是一元的。它从全体和通性说起,最注重事物的统一性。经验主义从部分说起,它说的全体,不过是一个集合体,所以不妨叫它自己是多元的。唯理主义自以为比经验主义多含宗教性。这个要求,说起来话很多,现在不过讲起一句罢了。若是唯理主义家是个感情的人,而经验主义家是个自名硬心的人,那末这个要求才是真的了。那样的唯理主义家,常主张意志自由说;那样的经验主义家,都是定命论者——我用这些名词,都取它是最通行的。到末了一来,唯理主义家总带着些独断性的气质;经验主义家,要怀疑些,肯开诚讨论些。

我且把这许多特性分两行写下。若是我加上"柔性者"和"刚性者"的两个称号,我想这两种的精神组织,你们更容易认识了。

刚性者与柔性者

柔性者(由原理着手)	刚性者(由事实着手)
唯理主义的	经验主义的
唯智主义的	唯觉主义的
唯心的	唯物的
乐观的	悲观的
有宗教性的	无宗教性的
意志自由论的	定命论的
一元的	多元的
独断的	怀疑的

我所写两行比较的混合性,它们内部到底联络不联络,自

己矛盾不矛盾，这一问，请你们暂缓一下，我不久就要详说这一点。现在所要说明白的，就是柔性的和刚性的两种人，照我所写下的特性，在世界上都存在的。大约你们各人心里，或者知道几个最显明的例，而且知道这两种人彼此是怎样相视的。他们自然是互相仇视了。他们个人的气质强烈时，这种仇视就成了一时代哲学空气的一部分。在今日还是哲学空气的一部分。刚性的人，看着柔性的人是感情家、呆子。柔性的人，觉得刚性的人不温良、无情理。他们相互的反动，就很像波士顿的旅行家走到克里普尔河的居民中间，彼此都说别人比自己低一等。不过这种轻蔑里边，在一方面带些娱弄，在他方面却含着些恐怖。

在哲学上，我们寻常人很少那样单纯的波士顿人，也很少那样特别的洛矶山莽汉，我以前已经说过了。多数人喜欢在界线两面，都取得些好的物事。事实自然是好的——多给我们些事实。原理也是好的——多给我们些原理。从一种方法看去，世界一定是"一"；从别一个方法看去，世界一定是"多"。所以让我们采取一种多元的一元论。各种事情，说起来都是有定命的，然而我们的意志却是自由的：一种意志自由说的定命论，才是真哲学呢。部分的恶，是无可否认的了，但是全体不能都恶：所以实际上的悲观主义，尽可以联合着玄学上的乐观主义。余依此类推——平常哲学上的外行人(layman)，总不是极端派，总不组成他的哲学系统，但随着一时的引诱，模模糊糊的相信这种说法，或是那种说法。

但是我们里边也有几个人，在哲学上不全是外行。我们可以称为非职业的角技者。我们看见自己信条里太多不一贯不确定的地方，也很觉得烦恼的。若是我们从界线的两对面，留着夹杂的矛盾物，那末我们智慧的良心，是很不安宁的。

多数人要事实亦要宗教

现在要讲到我所要说的第一个要点了。世界上从来没有这许多的倾向经验主义的人,像今日这样。我们的小孩子,一生下来就像有个科学倾向似的。但是这个贵重事实的心,却没有打消我们的宗教心。其实它自己就差不多是一种宗教。我们科学的气质是虔诚的。今且假定有一个这样的人,假定他是个非专门的哲学者,并且不愿意像外行人一样采取那杂乱的系统,那末他觉得自己的地位是怎样呢?他要事实,他要科学,但他也要一个宗教。他自己既不是专家,不能做一个独立的创造者,只好去找那老练者和专门学者,求他们指导。在座诸君中,大多数或者就是这种的哲学者。

哪几种的哲学,是你们觉得恰合自己的需要呢?你所找到的,若是一个经验主义的哲学,它的宗教性是不够的,若是一个宗教的哲学,它的经验方面又是太少,你若去寻那最重事实的地方,就找到那全部刚性的主张和那科学与宗教之剧烈的抵触。若不是一个刚性者像海克尔(Haeckel)同他的唯物的一元论,他的以太神(ether - god),他说的上帝是个“气体的脊椎动物”的笑话;就是斯宾塞,把世界的历史看作物质和运动的再行分配,恭恭敬敬把宗教请到门外——仿佛说宗教可以继续存在,但是它永远不得在庙里出头了。

经验主义有事实无宗教

一百五十年来,科学的进步,似乎把物质的宇宙扩大,把人的重要缩小了。结果是自然主义或实证主义的感想之发达。人不是自然界的立法者,乃是它的吸收者。自然界是固定不动的,人是要去迁就它的。让它去记载真理——虽然是非人性的——还要去服从那真理!理想的自动和勇气都没有了,景象是唯物的和抑郁的。各种理想都看作生理上惰性的副产品了,高的拿低的来解释,是“不过”怎样——不过一种低下的东西罢了。总之,你得到一个物质的宇宙,在它里面,只有刚性的人觉得自在。

若使你回到宗教的一方面去寻求安慰，问柔性的哲学家去找个计划，你得到什么呢？

唯理主义有宗教无事实

宗教的哲学，在我们操英语的人中间，现在有两大派。一派是激进些、侵略些的，还有一派像缓缓败退的。激进一派的宗教哲学，我指那英国黑格尔派（Anglo-Hegelian School）的“超绝的唯心论”（transcendental idealism）。格林（Green）、凯尔德兄弟（Cairds）、鲍桑葵（Bosanquet）、罗伊斯（Royce）的哲学，都属这派。耶稣教的宣教师中，比较的好学的人，大受这派哲学的影响。这派哲学是普神论的，那耶稣教因袭的有神论，自然已很受挫折了。

然而那有神论依旧存在，它是独断的烦琐哲学的有神论之嫡嗣，尽管一步一步的退下来，却没有废掉。那烦琐哲学的有神论，至今在天主教的神学校里，还是严格的传授。这派传下来的有神论，我们常叫它苏格兰派的哲学。我所说缓缓败退的一派哲学，就是它。你看一方面有进取的黑格尔派和其他“绝对”（absolute）之哲学家，一方面又有科学的进化论者（scientific evolutionists）和不可思议论[1]者（agnostics），那给我们有神论的哲学家，如马提诺（Martineau）、波温教授（Bowne）、莱德教授（Ladd）等，给他们两面逼进来，一定挤得苦了。虽然是很公平坦白的，这种哲学却没有激进的性质。它是折衷的、调和的，它要找一个暂时的办法。它承认达尔文（Darwin）学说上的事实，就是那脑系生理的事实，但是它对于这些事实，却没有积极的发挥。它缺少那侵略性的特色，所以这结果也就缺少一种威望，不像那绝对论（absolutism）因为有那激进的论调，所以威望也不同了。

〔1〕不可思议论，即不可知论。——编校者

普通人的两难

你若是要从那柔性的学派,你须得从这两种里选一种。倘使你是喜欢事实的(如我所假定的),你就觉得界线这一面的各事各物,都留着那唯理主义和唯智主义的痕迹。那唯物论和流行的经验主义,你果然是逃避了。不过这一逃也有一个代价,就是把你和生活上具体部分的接触也失掉了。绝对论的哲学家,住在那高不可攀的抽象境界,永不肯下来俯就事实的。他们所说那绝对的心——就是想着宇宙就能构成宇宙的心——能构成其他亿万宇宙中任便哪一个,也像它构成这个一样。从这绝对心的观念里,你演绎不出什么实际的一件事物来。它是和这世上不论什么真的事物都相符合的。有神论的上帝,也是同这种观念差不多贫瘠的一个原素。你要知道那上帝的性质,你必须到他所创造的世界里去;那种上帝是永远造成那种世界的。所以有神论的上帝和“绝对”同是纯粹的存在于抽象的高处。绝对论还有些奋迅的精神,平常的有神论更无味了。至于高远空虚,两派是相同的。你所要的,是一种哲学,不但用得着你的智慧的抽象能力,也要和这人生上实际世界有些积极的关系。

你要一个哲学系统含有两种东西:第一种是对于事实的忠心和留意事实的愿意,换句话说,就是适应和调和的精神;第二种是对于人生价值同它自动性的旧信仰,不论这个信仰是宗教的,或是理想的。这就是你的两难。你求得的结果却分作两橛,截然不合。你所找着的经验论,都带着非人性主义和非宗教主义;唯理派哲学,可以说有宗教性了,然而对于具体的事实和快乐悲苦,又一些没有确定的接触。

我不知道你们中间有多少人和哲学有密切的生活,能完全领会我最后的一个责备,所以我要再费些时间讲那一切唯理论的不实在。那种不实在,凡有笃信事实的人都不喜欢的。

唯理派哲学的不实在

一二年前，有个学生给我一篇论文，他起头二三页我当时很应该保存好的。他同我所说这一点是一个很明白的譬喻，可惜现在不能读给你们听。这位少年是西方大学的毕业生。他那论文起头说，他常假定一件事，就是你走进哲学教室的时候，就应该和另外一个宇宙发生关系，这个宇宙和你在街上时候所接触的宇宙完全不同的。他说这两个宇宙间差不多没有关系，简直你不能同时用心在它两个里面。那具体的个人经验的世界就是街市所属的世界，是梦想不到的繁杂、纠纷、污浊、痛苦、烦扰。那哲学教授介绍给你的世界，是单纯、洁净、高尚。这世界里没有实际生活上的矛盾。它的建筑是古式的。理性的原则构成它的轮廓；论理的必然黏合它的部分。它所最表示的，是清洁和庄严。它是一个云母石的殿宇，在山上灿烂的照着。

在事实上说，这种哲学不算实际世界的一个说明，只好算实际世界上另外建设的一个附加物。单是事实所表现的那杂乱粗暴的性质，唯理主义家的想象不能容受，所以借这个古雅的圣殿做个躲逃的地方。它并不是具体世界的一个"解释"，它完全是另外一件东西，是一个替代物、一个救济法、一个逃避的方法。

它的气质——倘使我在这里可用这个名词——完全和具体存在的气质不合的。唯智派哲学的特色就是精雅(refinement)。这种哲学能满足一种欲望，就是要得着一个精雅的东西当作默想的对象。但是我郑重的请求你们，去放眼看一看这具体事实的世界，看它可怖的纷乱，它的惊奇和暴虐，它所表现的粗野，然后再来告诉我，到底"精雅"两个字是否你们嘴里不得不说出来的一个形容词。

精雅在事物里面有它的地位果然是不错的。但是一种哲学，除了精雅以外说不出什么来，那是永不能叫经验派的心满足。它好似一个矫揉造作的纪念碑。所以我们看见科学者情愿离开了玄学,当它是一种禁闭的幽灵的东西,务实家洒脱了哲学的尘埃,而应它自然界的呼唤。

一种纯洁而不实在的哲学能使唯理派的心满足,实在这满足也很有些可怖。莱布尼茨(Leibniz)是一个唯理主义家,他对于事实的兴味比较许多唯理派的人已算多些。然而你们倘若要看肤浅的化身,只要去读一读他那文辞优美的《神善论》(*Théodicée*),在这书里,他想辨明上帝待人的正义,并且证实我们所住的世界是各种可能的世界里最好的。让我引他一段做个例。

莱布尼茨论永堕地狱的人是一例

在他那乐观哲学的障碍里,永堕地狱的人数是他要说明的一端。神学者说的,在人类里,宣告永入地狱的人数远多于得被超度的人数,莱布尼茨假定了这个前提,往下辩道:

> 拿恶和善比,恶就像没有了一样,假若是我们想到天国底实在巨大。区立俄(Coelius Secundus Curio)著了一本小书,叫做 *De Amplitudine Regni Coelestis*〔1〕,不多几时前复印的。但他也没有能测想到诸天的广大。上帝的功业,古人所知是很有限的……。他们看起来,单是地球上有人,就是地球反面有人的观念,他们也难了解。地球以外的世界,他们想,不过是几个有亮光的结晶的球体。但是今日呢?无论我们对于宇宙的限制,怎样想象,我们须得承认在这宇宙里,有无量数的球体,同这地球一般大,或更大些,它们和地球都一样有权载着有理性的居住者,这居住者自然不一

〔1〕 今译为《论天国的广阔》。——编校者

定是人类。我们的大地原不过太阳的六大卫星之一。凡恒星都是太阳，地球不过许多太阳里的一个卫星，你想在有形的物体中，地球所占的地位多小呢？这好多太阳，也许上面都住着极乐的生物；那里永堕地狱的人，我们不必定要相信是很多，因为善从恶里面抽出的利益，只须几个例证也够了。还有一层，我们不能假设各处都有星球，那么星界以外的地方不是一个无限的空间吗？这环绕星界的无限空间……也许里面充满了快乐和光荣……我们一个地球和它的居民，这样说起来，算什么呢？地球比起恒星的距离来，本来只有一小点，这样一想，岂不是比一个质点还小了无数吗？所以拿我们所知道的宇宙的一部分，和我们没有知道而不能不承认的一部分相比，这已知的一部分，简直缩小了变成乌有。我们所知道的恶，都在这差不多乌有的里面。若是拿恶和宇宙间所有的善比较，这恶也差不多没有了。

莱布尼茨在别处又说：

有一种惩罚的正义，它的目的不在矫正罪犯，不在儆戒别人，也不在赔偿损害。这正义根源于完全的适宜。完全的适宜，要恶行为的补偿。索西奴斯(Socinians)的信徒和霍布斯(Hobbes)反对这个惩罚的正义，其实这正义是正当的报复，并且是上帝自己留着的。……这正义常根源于事物的适宜，不但使被损害的人快意，也叫聪明的旁观人满足，好而美的音乐或一所好的建筑物叫性情正当的人喜欢一样。所以

> 堕地狱者的受苦，虽不能禁人不堕入罪恶，还是继续下去；享天福者的受赏，虽不能叫行善的人格外坚定，也还是继续下去。堕地狱的人，因为接续的罪恶招着新的刑罚；受福的人，因为不住的向善进行，加了新的愉快。两项事实都根源于适宜的原则……因为上帝使得万事万物都完全的适合，我已经说过了。

莱布尼茨没有握着实在这是很显明的，不用我来批评了。他的心里从来没有一个永堕地狱的灵魂的实在影像。他也没有想到"堕落的灵魂"的举例，数目愈小，受天福的人的光荣愈大。他只给我们一篇冷的文章，这里面的愉快材料，就是地狱的火，也不能使它温暖。

不要说，若是我要指出唯理主义哲学思想的肤浅，一定要回溯那肤浅头脑的时代。就是今日唯理主义的乐观，照喜欢事实的人看来，也是一般肤浅。实际世界是一个公开的东西，唯理主义定要做出系统来，系统总是闭关的。实际生活里的人，看着"全善"是一件很远的东西，现在还在经营中。唯理主义不过是有限的和比较的事物之一种错觉：事物的绝对的根本是究竟满足的一个全善。

斯威夫特论唯心派的乐观主义

对于现代宗教哲学这样空气般浅薄的乐观主义所起的反抗，我找了一个很好的例，是一个勇敢的无政府派著作家斯威夫特(Morrison I. Swift)的著作。斯威夫特的无政府主义比我的是稍极端些，但是我对于他的不满意于今日一般的唯心派乐观，很表同情，我知道诸君中对于这个，也有人很表同情的。他的小册子，叫《人类的屈伏》(*Human Submission*)，起头是几段报纸里的城市新闻(自杀饿毙等)，作为我们文明世界的标本。例如：

在雪地里从市的这头走到那头，存着一个找到些雇工事务的空希望，他的妻子和六个儿女都没有粮食，因为没付房租，在那东边一所居住屋里的家宅也被人逼着抛离了。这位书记生约翰·科克阑今天喝了石炭酸绝命了。科克阑因为患病，在三礼拜前失了他的职业，病中把一些很小的积蓄都用去了。昨天同着一队扫雪的人做工，但是他还是软弱没气力，试了一点钟，再也做不动。随后又去四处找事情做。他完全绝望了，昨天晚上跑到家里一看，妻子和儿女绝粮了，门上贴着家宅逐出的告白了。次日早上，他就服毒死了。

斯威夫特接下去说："这类的记载我这里很多，要充满一部百科全书也容易。上面我举几个例来做宇宙的解释。英国杂志里一个作者说：'我们觉得上帝在他的世界里存在。'罗伊斯教授在《世界与个人》(*The World and the Individual*)里也说：'暂时世界组织的恶，正是究竟世界组织全善的条件。'布拉德雷(Bradley)在《现象与实在》(*Appearance and Reality*)里也说：'那绝对体因为包含各种差异和龃龉，更加美富。'他的意思说，这些颠连无告抱恨而死的人，使宇宙更美富了，这就是哲学！可惜罗伊斯和布拉德雷两教授，同那全班的纯正思想家，方在那里发明'实在'和'绝对'，解释罪恶和痛苦的时候，对于宇宙是什么，最有发展的意识的人，他们的情形却正如此。这些人所经历的才是'实在'；才给我们宇宙的一面观。这些最配得上有经验的人的个人经验，才告诉我们宇宙是什么。单是拿这些人的经验来思想，与他们直接的本身感着那经验一比起来，这思想又算什么？所以哲学家总是在暗处摸索，那生活和感情的人才知道真理。现在人类的心理——不是哲学家和资产阶级的心理，是大众里默默思想和有感情的人的心理——渐趋向这个见解。他们现在审判这宇宙，像从前让宗教和学问的祭师审判他们一样。……”

> 这个克里夫兰的工人，杀了他自己和儿女，〔另外一个例〕是现代世界和这宇宙里重大的事实之一。这个事实不是什么上帝、爱、实在——这些存在于永远的真空里的物事——的叙述就好掩饰或缩小的。这个事实，是世界的生活里一个简单而不可划分的原素之一，虽然经过了几十万年的机会，二千年的基督教，还是如此。它在思想界上，就同原子或分原子在物质界上，一般是主要而不可灭的。它显出那不拿这样事实当作有意识的经验的要素的哲学，都是骗人的。这样事实确实证明宗教的虚无。再拿 20 世纪或再加 20 世纪给宗教做试验，耗费人类的时间，也不能了。宗教的时期已满，它的试验已完，它自己的成绩完结了它。人类再也没有许多世纪，许多“永远”，来费在试验没信用的制度上。斯威夫特：《人类的屈伏》，第 4 至 10 页。

这是经验主义家对于唯理主义家所开的食单的反抗。这简直是一个决绝的“不要，多谢你”。斯威夫特君说得好：“宗教是一个梦中行路者，那实际的事物对于他是空白的。”今日郑重研究哲学的人，找哲学教授，求个方法，来满足他天性上的需求，虽不定有这么强烈的感情，他的判决，都是这样。经验主义者给他一个唯物论，唯理主义家给他一种有宗教性的东西，可是对于这种宗教,“实际的事物是空白的”。他所以做了我们哲学家唯一的裁判者。柔性或刚性,他觉得我们都是不完全的。他的判决,我们不好轻视。因为到底他的心理是代表一个完全的心理,他那心理上需求的总数最大,他的批评和不满意终究是最重要。

实用主义是调和的学说

到了这点,我自己的解决法要提出来了。我贡献这个名称很别致的“实用主义”作为可以适应两种要求的哲学。它像唯理主义,能含有宗教性,同时又像经验主义,能保持对于事实的十分亲近。我盼望诸君对于这个主义有和我对它一般的好意。现在我的时间快完了,不能把它完全介绍给你们,只好等下一回再讲。此刻我还是回到上面所述的,再略为申说。

一个驳论

诸君中若是有专门的哲学家——我知道是有几个——一定觉得我这番讲演是很粗浅的。这粗浅到了一个不可恕、不可信的限度。柔性和刚性,怎么蛮野的一个分类!大概哲学是一层层结合着种种聪明、微妙、细谨,在它的界限里,各种的联络、变迁都有的,现在单提出一个气质上的冲突,来代表他抵触的全域,又是怎样粗鲁的一幅讽刺画!最高的事物拿最低的语式说出来,怎样无理的一个贬抑!怎样孩子气的一个表面观察!把唯理家学说的抽象性当作罪恶,因为它们是逃避的圣地,不是事实世界的延长,就谤毁它们,这是怎样的呆笨!我们的理想,不全是救济的法子和逃避的地方吗?再说,哲学要含宗教性,不在实在的表面粗鲁以外,别为一个逃避的地方,能做什么?若要我们超出于动物的感觉,在那智慧所推度的原理的大组织里,给我们指示出别一个更尊贵的家乡,哲学不做这个,还能做什么更好的事?原理和概观不是抽象的外形又是什么?柯龙大礼拜堂是没有建筑家纸上的图样就造成的吗?“精雅”的自身是一件可嫌恶的东西吗？只有具体的粗鲁是唯一的真实吗？

答复哲学像人有个人的性质受综括判断

我很觉得这抗议的全力。我所给的图画实在太简单卤莽。但它也像各种的抽象，有它的用处的。倘使哲学家能用抽象法论宇宙的生活，他们对于哲学生活的抽象论一定不怨的。在事实上，我所给的图画虽然粗鲁简略，却个个字真实的。气质和它的要求与拒绝，实在决定——常要决定——人在哲学上的主张。学说的细目，可以片段想出来：学者研求一种学说的时候，常为着一株树，忘了全部的森林。可是等到功夫完成了，他的思想，没有不做大的综括的动作的，这时学说就立起来像个活物，带一种奇异而简单的个性，常在我们记忆里往来，好像我们的朋友或仇敌死了，他的幽灵，常在我们记忆里出现。

惠特曼(Walt Whitman)的诗说："谁扪着这本书的，就扪着一个人。"凡大哲学者著的书，看来都像许多人。我们对于各人主要的个人的意味之感觉，就是我们自己所得哲学教育的最良的结果。此种学说假装做上帝的大宇宙的一幅全图。它实在是个怎样非常古怪的个人意味之宣示。一经概括到这些名词上来(我们因为学问，得了一种评判的思想，自然免不了概括各种哲学到这些名词里来)，我们和学说的交际，便回到那非正式的本能的人性爱憎的反应。我们取舍的独断，和我们施恩惠于人一样；我们判决辞的简单，也和誉人毁人的一般。我们凭着自己怎样感觉，不问所给我们的哲学如何意味，来量宇宙的总性，那么一句话就够了。

我们说，既然上帝创造人在活泼泼的天性里，为什么舍了活泼泼的天性，去讲那云气般的制造物，那木头般硬缚的东西，那矫揉造作的人为，那腐朽的讲堂产物，那病人的梦！不要它！一些不要它！

给我们对于一个哲学家的综合印象的，是我们在那哲学家的学说条目上所用的工夫;但是我们精神的反应就从这综合印象而起。在哲学上的精练,是拿我们综合反应的明确和对付复杂对象的直接知觉的形容词来量的。可是这个形容词,不一定要多大的精练。自己有明确的、说得清楚的哲学的人很少。却每人都有一种特殊的宇宙总性的感觉,和自己所知的学说,与这宇宙总性不能完全吻合的感觉。那些学说,都不能恰合他的宇宙。一种学说嫌太纤巧,别一种又太迂腐,第三种更像好多投标的意见,第四种太不健全,第五种太做作,说来没有一种对的。无论怎样,我们立刻知道这些哲学是不适合的,不应当假托宇宙的名来说话。柏拉图、洛克、斯宾诺莎(Spinoza)、穆勒(Mill)、凯尔德、黑格尔——我小心着不举更近的名氏——这些人名,诸君听了,无非提醒了许多奇怪的个人短处。若说这些研究宇宙的方法是真的,那是显然的谬妄了。

我们哲学家对于你们一方面这样的感情不能不问的。因为终究审判我们一切哲学的,就是这些感情。得最后胜利的一种观察事事物物的方法,必定是通常人思想中以为最可动人的方法。

还有一句话——就是哲学必然是抽象的外形。譬如建筑房子,有立方的模型,有纸上的图样。这些模型图样,就是照它用泥土木石造了起来,也还是个空廓的外形,但它已指示出那结果罢了。一个图样,在自身是很小的,但是它所表示的东西,不必是小。如今唯理主义的哲学所表示的,是非常的小,所以惹起经验主义家的排斥。斯宾塞就是最好的一个例。唯理主义家觉得他不满足的地方,罗列起来,怪可怕的。他的干燥乏味的塾师般的气质,他的没有变化,他的喜欢在辩论里用浅薄的权宜之计,他在机械原理中的缺少教育,他基本观念的模糊不明了,他全学说的呆滞——然而半个英国还要想葬他在威斯

斯宾塞是一个例

敏斯特礼拜堂里。

为什么呢？为什么在唯理主义家的眼里，他有如许弱点，还能唤起那样敬崇呢？为什么许多有教育的人，觉他的弱点的——你和我或者也是这样——情愿看他葬在那大礼拜堂呢？

单为我们觉得他的心，在哲学上，在正当的地方。他的理论，也许全是皮和骨；但是他的书，却照他特殊世界的样子而范铸出来的。事实的呼声，篇篇都听得出的，他注重事实，向着事实的一方去用功的，那就够了。那就是经验主义家思想里所以为正当的东西了。

我希望下次讲的实用主义的哲学，对于事实保持一种和好的关系，对于宗教的建设，不像斯宾塞的摈斥，也好好的待遇它。

我盼望能引导诸君找到所要的一种调和的思想方法。

第二篇

实用主义的意义

一只松鼠

几年前，我和一个幕宿队住在山中的时候，独自一个人漫步回来，看见大家正从事一个激烈的玄学的争论。这争论的题目是一只松鼠——一只活松鼠，假设攀着一株树干的一面，那树干的反面，站着一个人。这人很快的绕着树走，要去瞧那松鼠。但是不论他跑的怎样快，那松鼠也在反面很快的跑，它和那人总隔着一株树，永远不给他瞧见。现在的玄学问题，是这人是否绕着松鼠走。他绕着树走，那是不错的，松鼠是在树上，但是他有没有绕着松鼠走？荒野里的优闲时间是没有限制的，这辩论也已经闹够了。每人占了一面，意见都很固执的，两面人数又相等。所以我到了，他们大家都控诉于我，要我加入了成个多数。记得有句古语说，无论什么时候，你遇着一个矛盾的争辩，你须得寻出一个区别。我立刻想一想，就找到了一个。我说："哪一方面对，哪一方面不对，全看你那'绕着走'的实际上意义怎么样。要是你的意义是从松鼠的北面到东面，再到南面，再到西面，然后再到它的北面，那末这个人确乎绕着它走的，因为他确曾占这些相续的方位的。反过来，若是你的意思，是先在松鼠的前面，再到它的右边，再到它的后面，然后到它的左边，回到前面，那末这个人明明没有绕着松鼠走，因为松鼠的相对动作，使它常常拿肚子向着这人，拿背向着外面。定了这个区别，再没有什么可以争辩的了。你们都对的，都错的，照你们那'绕着走'的实际上意义是这样或那样。"

虽然有一二个剧烈的辩者说我这番话是游移的遁辞，他们不要诡辩或烦琐哲学的分析，但多数人都想我这区别，确减杀了这辩论了。

实用主义是一种方法

我讲这段很小的故事，因为这是我所要说的实用主义的方法的最简单的一个例。实用主义本来是一个解决玄学上争论的方法，没有那方法，这些争论可以永远没有终结的。世界是一还是多？定命的还是自由的？物质的还是精神的？这些观念中，每个都可以适合或不适合这世界，争论起来可以永远没有终点。实用主义的方法，是去探索每个的实际上效果，拿来解释每个观念。若这个观念——非那个观念——是真的，在实际上于人有什么差别？若探索不到什么实际上的差别，那么两个相对的东西，实际上只是一物，所有争论都是废话。当一个争论到剧烈时，我们不应当单说这方面或那方面是对的，我们总应当能指示出这方面或那方面对了以后的实际上的差别。

这方法的历史

我们试看这观念发生的历史，实用主义的意义更明白了。这名词(pragmatism)起源于希腊字 πράγμα。πράγμα 是动作的意思，英文的 practice(实行)、practical(实行的)都从这字来的。1878 年，皮尔士君(Charles Peirce)始把这名词引用到哲学里来。在那年 1 月的《通俗科学月刊》(*Popular Science Monthly*)里，他发表一篇论文，题目是《怎样使我们的观念明白》(*How to Make Our Ideas Clear*)。1879 年 1 月法国出的哲学杂志 *Revue Philosophique*[1] 第 7 卷载这论文的译本。他说，我们的

[1] 今译为《哲学评论》。——编校者

信念实在是动作的规则。要显出一个思想的意义,我们只要决定这思想配发生什么行为:那行为是这个思想唯一的意义。我们的思想差别,无论什么精细,其中最妙的一件事就是可能的实际上的差别。我们思想一物时,若要得到完全的明了,只须想一想这物体含有哪样的实际上的效果——我们从它盼望得着哪样的感觉,我们须得预备哪样的反动。我们所有这些近的或远的效果的概念——若是那概念有积极的意义——就是我们对于那物体的概念的全部。

这是皮尔士的原则,就是实用主义的原则。这个原则,发表了二十年没有人注意,直等到我在加利福尼亚大学霍伊森(Howison)教授的哲学同志会里演说,把它提出来,应用到宗教上去。从那日起(1898),容受这主义的时机熟了。这"实用主义"的名词,从此传播,到现在各种杂志里面,也见惯了。"实用主义的运动",我们也听得大家说起,有人带着尊重的意思,也有人带着讥慢的意思,却很少人能明白了解的。有几个趋势,前此没有一个总名的,因这名词很便适用,所以也就流行了。

要知道皮尔士原则的重要,我们必须拿它来应用到具体的事例上去。数年前,奥斯特瓦尔德(Ostwald)德国化学者在他科学的哲学讲演里面,曾完全应用这实用主义的原则,虽然他并没有用这个名词。

他写信给我说:"凡实在都影响我们的行动,那影响就是实在的意义。我常在班里问学生:在相对的二物中,倘若这样或那样是真的,那么世界便有怎样的差别?若找不到什么差别,那么这个相对便没有意义。"

那就是说,两个对抗的意见在实际意义上只是一样;除了实际的意义,更没有别的。奥斯特瓦尔德在他印出的一篇讲演里举了一个例。化学上有几种质体，叫做同分异性的(tautomerous)[1]，那内部的组织如何，是化学久经聚讼的一个问题。那质体的属性，似乎和两个假设都符合的：一说，一个不定的轻气原子在它们里面摆动；又一说，它们是两个质体不定的混合物。两派争论，从来没有解决。奥斯特瓦尔德说："两派争论家，若先问一问，这一个或那一个见解算是正确了，在什么实验的事实上发生差别，这争论便不会开始了。因为若这样一问，便见得没有什么事实之异点；那个争论，便不实在，好像初民看见了用酵发面，推论那现象的真因，一派说是妖精，一派说是鬼魅一般了。"见所著 *Theorie und Praxis*[2] 在 *Zeitsch. des Oesterreichischen Ingenieur u. Architecten-Vereines*[3]，1905，Nr 4 u. 6。我看见还有比奥斯特瓦尔德更彻底的实效主义，在弗兰克林教授(W. S. Franklin)的演说里。他说："关于物理学的观念，就使学生得着了，还是最有病的，是：'质量分子和以太的科学'。就使学生得不着，那最健全的观念是：'物理学是一种科学，说明取得物体和推动它的各方法的。'"——见 *Science*[4]，Jan. 2，1903。

看起来很可骇的，好多哲学的辩论，一用了这搜索具体效果的简单试验，就立刻崩溃，成了无足重轻的东西了。没有地方发现差别，就是没有地方可以有差别。抽象真理中的差别，没有不从具体事实中的差别表示出来，没有不从那事实所因缘的一人一事一地一时所发生的行为表示出来。哲学的全部功用，应该是找出倘使这个或那个世界公式是真了，在我和你的生活的确定的时间上，发生什么确定的差别。

实用主义的方法，绝对不是件新东西，苏格拉底(Socrates)

---

[1] 今译为"互变异构的"。——编校者
[2] 今译为《理论与实际》。——编校者
[3] 今译为《奥地利工程师建筑师协会会刊》。——编校者
[4] 今译为《科学》。——编校者

是用这个方法的老手。亚里士多德(Aristotle)是有规则的运用这个方法的。洛克、贝克莱(Berkeley)、休谟(Hume)靠了这个方法,有大贡献于真理的。霍奇森(Shadworth Hodgson)常坚执"实在"不过是他的"所知道是怎样"。但是这些实效主义的先驱,只是片段的运用这主义做一个发端。到了我们的时候,这主义才变成普通了,才自觉一个普遍的使命,要求一个战胜的终局。我是信仰那终局的,希望这讲演完了,能把这信念感悟了诸君。

这方法的性质与关系

实用主义,代表哲学上一种完全习见的态度,就是经验主义家的态度。但是我看起来,它所代表的那经验派的态度,比以前的样子更其极端,并且更少可以非议的地方。实用主义家坚决舍弃专门哲学家所爱的许多旧习惯。他所舍弃的是抽象与不充足、字面的解决、不好的先天(a priori)理性、固定的原则、闭关的系统、假的绝对和起源。他向着走的,是具体与满足,事实、行为和能力。那便是经验派的气质流行,唯理派的气质老实丢了。便是开放的空气和天然的可能,不是那独断、人为和假冒的最后真理。

同时实用主义不代表什么特别的结果。它不过是一种方法。但是那方法的大战胜,就要使我上回讲演里说的哲学的"气质"大大的改换。

极端唯理派的人,一定要不见容于哲学界,好像那侍从派的政僚不见容于民治国家,教皇派的祭师不见容于新教国一样。于是科学与玄学更相接近,竟要完全的携手并进了。

它和唯理主义与唯智主义的比较

玄学所寻求的,常是一种很老式很简陋的东西。我们都知道人怎样喜欢不正当的魔术,在魔术里名词占怎样大的部分。你若懂得一个妖怪或魔鬼的名词,或那镇伏他的咒语,你就有权力管辖他。所罗门知道凡百鬼妖的名字,所以能教他们服从他的意旨。朴素的头脑,看着宇宙似一个谜,要解答它,除非找个有光彩有权力的字或名词来做个钥。这个字举出宇宙原理的名来,有了这字,就像连宇宙本身也有了。"上帝"、"物质"、"理性"、"绝对"、"力"都是这类解答的字。你得了它们,便算完事了。你的玄学的寻求也终止了。

你若从那实用主义的方法,便不能把这些名词看作寻求的终点。你必须把每个名词实际上的完全价值兑换出来,把它放在你的经验里去运用。这名词并不是个解决法,乃是进一步工作的一个计划,是现有实在怎样可以改换的方法的一个指示。

这样说来,理论是一种工具,不是谜语的答案,并非我们得了便可罢休的。我们不退后坐靠它们,我们向前行动,有时候借着它们的帮助去改造自然界。各种理论有了这实用主义,好像柔和起来,可以各个活动了。它并不是一件新东西,所以和许多古代的哲学趋向都调和的。譬如它常注重各个事项,与唯名论(nominalism)相同的;它最重实用上的状况,和功利论(utilitarianism)又符合的;至于它鄙弃字面的解决,无用的问题,玄学的抽象区别,与实证论(positivism)又更契合的。

一个走廊的比喻

你看这些学说,都同是一个"反对唯智主义"的趋向。实用主义反对唯理主义的要求和方法,更是完全武装,攻击不留余地的。但是最初实用主义并不表示什么特别的结果。它并没有武断的主张,除了它所用的方法以外,也没有什么信条。意大利少年实用主义者巴比尼(Papini)说得很好,实用主义在我们众多理论中间,就如一个旅馆里一条大走廊。从这廊的两边开出无数的房间。在一间里,你看见一个人著无神论的书;在别一间里,一个人屈着膝虔敬的祈祷;在第三间里,一个化学者仔细考查一种物质的属性;在第四间里,有人在那里思索唯心论的玄学;在第五间里,又有人研究玄学的不可能。那条走廊,是他们大家公有的,他们如若要找一个走进或走出各人房间的实践方法,这条走廊是必由之路。

所以实用主义的方法,起初不包含什么特别的结果,不过是一个指定方向的态度。这个态度,不向着那最先的事物原则、范畴、假设的必然;而向着那最后的事物、结果、效验、事实。

实用主义是一种真理论,与人本主义相等

实用主义的方法如此!你们要说,我单颂扬它,却并没有解释它。其实我一会就要给你很多的解释,说明它怎么样可以应用到几个常讲的问题上去。现在且说实用主义这个名词,已渐用到一个较广意义的理论上去,当它是一种真理论(theory of truth)。我将来要有一篇演讲,专把这真理论说个明白,现在尽可简短些说说。但是要简短也不是容易的事,所以请你们在以后一刻钟里边要格外注意。倘若我说了有些模糊,我希望以后各演讲中能再说得更明了些。

数学的、论理的与自然的真理之较旧观念

现代哲学研究得最有成效的一部分就是归纳论理学(inductive logic),就是我们科学所从发展的种种条件的学问。归纳论理学的著述家,对于数理、物理、化学诸学者所制定的自然的公律和他们所搜集的各种事实,究竟有怎样的意义,已渐趋于一致的论调。当数理上、论理上、自然科学上各种公律初发现时,人家看了它们那样的明白、优美和简单,信从的风靡一时,以为确实把上帝的究竟思想都阐明了。上帝的心也在三段论式(syllogisms)里反应的。他也在圆锥截面和方根比率中思想的。他创造出开普勒律(Kepler's laws)来给行星循了运行;他使下坠体速率的增加和时间成比例;他做出正弦律来让折光好遵守;他把动植物分为纲、目、科、属,且决定了它们彼此的相差。他想出各种事物的模型,并且谋划它们的变化。我们只要能发现他那神奇制作的无论哪一种，就捉摸着他的心思了。

较新的观念

但是等到科学更发达了，人渐觉得那些公律的大部分——或竟全部分——也究竟不过是个近似的东西。况且那些科学的律例愈出愈多，同一门中，还有相反对的许多说数。研究的人自然渐渐知道没有一种理论，绝对是实在(reality)的摹本，不过从几种观察点看去，不论哪一个学理都可以有用的。它们的大用处是概括旧事实，引导到新事实。它们还是人造的言语，还是——可以说——我们记载自然界的一种概念的速记法。言语这样东西，大家知道，是可以容受许多语法的选择和许多方言的。

科学的论理里，有了人类的判断，便没有了神圣的必然。我若提起这些人，像西格瓦特(Sigwart)、马赫(Mach)、奥斯特瓦尔德、皮尔逊(Pearson)、米约(Milhaud)、彭加勒(Poincaré)、杜恒(Duhem)、海曼斯(Heymans)等，你们中间做学生的人就很容易懂我们所说的一个趋势，并且能举出别的名字出来。

席勒与杜威的工具的观念

在这科学的论理潮流前，有席勒(Schiller)、杜威(Dewey)两君拿着他们实用主义的真理论做个先驱。这些大讲师到处说，我们观念和信仰里的真理与科学里的真理同一意义。这意义就是一个观念(它们自身是我们经验的一部分)是真的，只要它能帮助我们和我们经验的别部分得到圆满的关系，靠着概念的捷径，不跟着各个现象无限的接续，而去概括它们，运用它们。无论哪个观察，只要它能安安稳稳把我们从一部分的经验引到别一部分，把事物联络得满意，应用得妥贴、简单、省力，这观念能这样做到什么地步便真到这个地步。这是杜威在芝加哥所倡的真理的工具观，这是席勒在牛津所大传播的理论，说我们观念的真，就是它的工作能力。

杜威、席勒和他们一派学者，所以得到这个真理的概念，也不过依了地质学者、生物学者和语言学者的先例。那些科学的成立，第一步总是拣出一个简单的事变，它的作用可以实地观察的——像土地受气候的剥蚀，或者生物之从它母型而改变，或者一个方言吸收了新字新音而变化——然后从此推广出去，使它在什么时候都适用，并且总括它经历各时代的效验而发生大的结果。

新信念的构成

席勒与杜威所拣出而供他们概括作用(generalization)的方法，是无论什么人决定新意见时所惯用的一个方法。这方法是一律的。一个人已经有了一堆的旧意见，若是遇着一个新经验，就有事情发生了。或者有人反抗那些旧意见；或自己在反省时间察觉了它们中间矛盾的地方；或听见了别的事实和它们不符合；或心里起一种愿望，它们所不能满足的。结果是一个内部的烦扰，为以前所没有经过，若要免除这烦扰，不能不把以前所有的意见酌量变换。他对于这宗旧意见，那可保留的，自然仍竭力保留，因为在各个人的信念上，大家都是极端守旧的。他这样试着变换这意见，再变换那意见，(这些意见抵抗变换的限度亦不等，)等到最后起了一个新观念，可以接栽在旧意见上，而使那旧意见只有一个最低限度的骚扰，这个新观念把旧意见与新经验调和起来，融贯得十分美满妥洽。

较旧的真理是常要计算的

于是这个新观念就作为一个真观念。它用最低限度的变换，保存着较旧的一堆真理，扩张它们，使它们恰能容受这新经验，但是也用最习熟的方法去解释这新经验。一个过激的解释尽背了种种从前的意见的，人决不肯认作新经验的真解释。我们四面勤求，直到得了一个不那样偏激的说法。到底一个人信念上就是最激烈的改革，也留着他旧秩序的大部分不动的。时间与空间、因与果、自然与历史和个人自己历史，总是依然不改的。新真理常是一个媒介，一个过渡的缓和者。它将旧意见和新事实联起婚姻来，显出极低限度的抵触，极高限度的连续。我们认一个理论是真的，也不过看它能不能解决这“最高限度和最低限度的问题”。它解决的成功到怎样，就真到怎样。但是解决这问题的成功，又是一件近似的事情，不是绝对的。我们说，这个理论比那个理论解决得更满足些，也只是说对于我们更满足些罢了，但是各个人满足的注重点是不同的。所以无论什么东西，总有几分可改性的。

我现在劝诸君特别观察的一点是较旧的真理所占的地位。忘了这一层，对于实用主义发生许多不公平的批判。其实较旧的真理有极大的势力。对于它们的忠心，是第一主义——在多数人是唯一的主义；若是有一个极新现象，它要把我们的旧意见重行安排，那末我们平常的处置方法，是完全不理它，或是骂那些证明它的人。

诸君必定问我要这个真理增长的实例了，所讨厌的就是这些实例太多，新真理最简单的一项，自然是把新种类的事实增加我们的经验，或是把旧种类的新事实增加我们的经验——这增加是用不着变换旧信念的。一日复一日内容增加起来。新内容自己原无所谓真，它们不过存在罢了。当我们说它们存在了，单纯的加积公式就满足了真理的条件，我们说起来就叫它们是真理。

但是常常那一日的内容，也逼迫我们重行安排一下。若是我现在站在这讲坛上，忽然的像疯人一般狂叫，你们对于我哲学的价值也就必须怀疑起来。铣(radium)或译镭或雷铤的初次发现，是一日的内容的一部，一时看来与我们自然界秩序的观念——势力保存(the conservation of energy)——是冲突的。只须看铣从自身无限制的放射热出来，就像和势力保存说相背了。怎么想呢？若是这铣的放射，不是别的，单是原子里先存在的“潜伏力”散放出来，那保存说便有法挽救了。结果是“氦”(helium)的发现，恰好替这信念开一条生路。拉姆齐(Ramsay)的意见，普遍认为真的，因为他虽则把我们旧的势力观念扩张了，却于那观念的性质，只有最低限度的变换。

我用不着再多举例。总之一个新意见的“真”同它能使个人吸收新经验到旧信念里去的愿望满足成正比例。它必须靠着旧真理，亦必须握住新事实；它的成功，(如我刚说过的)是件个人鉴别的事情。所以旧真理加上新真理而增长，是为了主观的理由。我们自己在这过程中服从这些理由。一个新观念，能尽它的功用满足我们两重的需要最美满的，这便是最真的。它使自己真，能使人把它归入真的一类，全仗着它动作的法子。将自己接在一部分旧真理上，让它发展起来，像一棵树靠了一层新生组织的活动而生长一样。

较旧的真理也是这样构成的

杜威与席勒拿这个观察来推广应用到真理最老的部分上去。那最老的真理，也曾有可改性的。当初人家叫它们真理，也为着人的理由。它们也曾调和更早的真理与当时的新观察。纯粹客观的真理——那种真理不做我们一部旧经验和一部新经验的媒介，不给我们人性的满足，而自己能成立的——却没地方找得出来。为什么我们说那些物事是真的理由，就是为什么它们是真的理由，因为“是真”的意义不过是能尽那媒介的功用。

这样看来，什么都脱离不了人生。独立的真理，只可寻得的真理，不能陶铸了去供给人的需要的真理，一言蔽之，不能改变的真理，原存在的，且存在的过分多了——或者说，倾向唯理主义的思想家，假设他存在的；但是这样真理，不过像一棵活树里的死心；这样真理的还存在，不过说真理也有它的

"化石期",也有它的"时效",它辛勤服役了多年,也就老了僵了,不中用了,再历久便化成石了。我们现在确实明白,就是最旧、最古的真理,也实在可以改铸的,只须看论理、数理上观念的变迁和物理学的渐受这变迁的影响就够了。古的公式,须拿来重新解释,作为更广的原理的特别表现。那更广的原理,像我们现在所有的形式和规定,是我们祖宗所一些没有看到的。

人本主义

席勒先生叫这种真理论是"人本主义"(humanism),但是我觉得"实用主义"这个名词更切当些,所以以下各篇里都唤它实用主义。

实用主义的范围如此——第一是一种方法,第二是一种真理的发展论(genetic theory of truth)〔1〕。这两层就是我们将来讨论的题目。

我所已讲的真理论,既是很短,你们看了一定觉得暗晦、不明晰、不满意的。我以后要补这缺陷。在"常识"一篇里,我将要说明我的意思,怎么叫做真理历久成了化石。在别一篇里,我要委曲申说我们思想的真与它做媒职务的成功成正比例。还有一篇里,我要指出辨别真理发展中主观和客观分子怎样困难。这些讲演诸君不见得都完全了解,就使了解,也不见得完全和我同意。但是我知道诸君必定当我至少是认真的,而尊重我的努力。

唯理派对它的批评

你们若知道席勒与杜威两先生的理论,怎样在轻蔑与讥诮的狂飙下受苦,大概要诧异的。凡是唯理派的哲学,都群起反抗他们。在有势力的地方,人家都待席勒,如待卤莽而该打的学童一样。我不应说到这层,若不是为了这点正好旁证那唯理

〔1〕今译为发生论。——编校者

主义的气质与实用主义的气质之相反。实用主义离开了事实，便觉不快。唯理主义，却必须有了抽象的理论方才适意。这实用主义所说的真理是多数的，所说真理的功用与满足，所说它们"动作"的成功，这样那样，从唯智派的心里想来，无非是对于真理之一种粗糙的跛形的第二等的暂时替代品。这样真理不是实在的真理。这样试验不过是主观的。客观的真理一定是一种非功利的、高雅悠远、尊严的东西；一定是我们思想与绝对实在的绝对符合。它一定是我们无条件的应当怎样思想。现在我们有条件的这样思想是不切适的，是一件心理学的事。讲到这一点，要论理学，不要心理学。

这里可以看两种不同的心的比较。实用主义家攀着事实与具体性，观察真理在个别事件里的作用，然后下概论。真理于他是一个类名，凡经验中确定的、有作用的价值都是真理。唯理主义家的真理是纯粹的抽象，我们必须服从他一个虚名。当实用主义家要去详细说明为什么我们必须服从他，唯理主义家却不能认识他自己抽象所由来的具体事实。他反责我们否认真理的罪名，在我们却不过要去探索为什么人家服从他，且常常的要去遵依着他。那过度的抽象思想家，见了具体性要吓的发颤，他积极的情愿要惨白的幽灵般的东西；假如两个宇宙给他选择，他定拣那骨瘦的外形，不取这丰厚的实在。他觉得那个是清洁、明白、高尚得多。

我希望我讲演下去，诸君就可以看出实用主义所主张的具体性与事实的接近，是它最使人满意的特色。但它也不过效法那姊妹的科学，用已经观察的去解释没有经观察的。它这样把旧的、新的调和得很融洽，把我们心与实在"符合"——这"符合"是什么意思，以后我们还要问——的空观念，变换了成个丰富的、活动的一个交互关系，就是我们个别的思想与其他经验中大宇宙的交易。

这是后话,暂且缓提。我现在要加几句话说明我上篇所举的一个要求,就是实用主义是经验派的思想与人类宗教性的需求两项的调和者。

实用主义是经验论和宗教的调人

你们记得我曾说过,有强烈的爱事实的气质的人,对于流行的唯心派哲学的不顾事实,是很难容许的。它的唯智的倾向太大。旧式的有神论,把上帝看作一个很高的君主,有许多不可理解的乖谬的"属性",已经很坏了;但是它靠了意匠论的辩证,和具体的实在还有些接触。到达尔文说把意匠论永远推翻,有神论始失了那立脚地。于是科学的头脑不再容许旧式的神学,我们现代的想象,不说神则已,说到神,总是指一种内含而普及的神,在事物以内动作的,不是在事物以上主宰的。二元的有神论,虽也还有能干的辩护人,可是想望哲学的宗教的人,都趋向唯心的普神论了。

超绝的唯心论之空虚

但是我上回说过的,普神论也是爱事实的人或经验主义家所难融会的。它筑在纯粹的论理上,是一个绝对性的品质,和具体性不联络的。它认"绝对的心"——上帝的替代名词——是各项事实合理的先有假设,但是世界里各项事实究竟是什么,它完全不理会。不论那些事实是什么,绝对的心总是它们的父。像《伊索寓言》里的病狮,所有踪迹都引导到它的洞里,却没有一条可以退出的。你不能靠着"绝对"的帮助回到事实的世界里来,或从你对于它的质性的观念里,去演绎出什么必然的结果于人生是重要的。它给你一个确证,说靠了它和它究竟的思想法子,什么都是好的。不过你现在的超度,却要仗你自己现时的计划了。

这个概念的伟大、庄严,与它给许多人宗教的安慰的能力,我绝不否认。但从人生的观察点看它,它的寥远和抽象性,也不能讳。它纯乎是我所谓唯理派气质的产物。它轻视经验主义的需要。它将一个苍白的外形,去替代实在世界的繁富。它是微妙的、高尚的——这高尚是不好的意义,就是高尚了,即不能于人生有用的意义。在这辛劳与尘垢的实在世界里,我以为凡有"高尚的"世界观,应当看作违反真理的一种成见,于哲学上为不合格。黑暗的王,也许是一个"上流人",不论上帝是什么,他决不会是一个"上流人"。人间的风尘劳苦,需要他"上帝"谦卑服役,比天上需要他的尊严更切啊。

实用主义,果然忠于事实,却没有平常经验主义唯物的偏见。并且它于抽象的理想,也不反对,只要这抽象的理想能助人达到各项的事实,能实在带你到一个地点。实用主义,除了我们思想与经验联络所得的结论以外,对于别的结论不感什么兴味,可是对于神学,也没有先存的(a priori)偏见。如果神学的观念,于具体的生活,能有价值,它在实用主义上就是真的,就真到这个限度。至于它更加真到什么限度,就全靠它与别的真理的关系怎样。

"绝对"概念是真到什么限度

我刚讲的超绝的唯心论的"绝对"就是一个例。我先说这观念是庄严的,能给人宗教的安慰,我又怪它太寥远,太空虚。但是它只要能给人宗教的安慰,就一定不是空虚,就有那么多的价值,就有一个具体的功用。我若是一个好的实用主义家,应当说它是真的,真到这个限度。我现在一些不犹豫的这样说。

这"真到这个限度"又怎样解说呢?要解释它,我们只须应用实用主义的方法。信仰"绝对"的人说,他们的信念能给他们安慰,这是什么意思?他们的意思是,在"绝对"中,有限世间的恶已制止了,因此我们的现时,就可以当它在潜伏力上是永远,是究竟,我们可以信托它的结果,我们可以——没有罪恶——

消除恐怖，抛弃有限世间里责任的烦扰。总之，他们的意思是，我们不时可以有一个道德的休假日，让世界去怎样进行，不干我们的事，我们可以觉得它的问题自有能手解决，不用我们过问的。

宇宙是一个统系，各个人在里面可以不时抛开他们的烦恼，有道德的休息日的——那实在是我们所知的“绝对”的一部分；那是“绝对”果然真了在我们各项经验里所发生的大差别；那是“绝对”照实用主义解释起来的“兑现价值”。稍看哲学书的人，以绝对的唯心论为是的，到了这点，也就不再去推寻了。他可以应用“绝对”到这限度，而这限度是很宝贵的。他听见你不信仰“绝对”很觉痛苦，他也不去细考你的批评，因为你的批评，关于这概念的各面，正是他所没有注重的。

如若“绝对”的意义是这个，且不外这个，谁能否认它的真呢？去否认它，不啻坚持人永远不应当休息，休假日是永远不应当有了。

真是在信仰上的善

你们必定觉得很奇怪，若听见我说，一个观念，只要我们信仰了它是有益于我们的生活，就是“真”的。你们自然承认它是善的，因为它既然有益到这限度。倘使我们因它的帮助所做的事是善的，这观念自身也定是善到那个限度。但是你们要说，去叫善的观念是“真”的，岂非“真”字很奇的误用吗？

要完满的解答这个问难，在这时候还不能。你这一问，恰摸着席勒、杜威和我自己的真理论的中心点。这点我现在还不能详细讨论，须等到这讲演的第六篇里才能说明。让我现在单说“真”是“**善的一种**”，不是如平常所假设的，于善以外，别为一范畴而与善同等的，**凡在信仰上是善的，并且因为确定的可指示的理由而是善的，这就是真的**。你定要承认，若真观念于人生上没有什么好处，若真观念的知识，是积极的不利的，若只有假观念是有用的观念，那么流行的见解，以真理为神圣和珍贵，以寻求真理为人生的职分，这样见解，永不会发生，永不会成了一个独断的信仰。在那样的世界里，我们的职分倒是要回避真理了。但是在这个世界里，正如有几种食物，不但适合我们的胃口，并且适合我们的齿牙、胃脏、组织；有几种观念，不但适合于思想，适合于维持我们所喜欢的其他观念，并且有益于生活上实际的奋斗。若有一种生活，是我们的确应当经历的，若有一种观念，我们信仰了可帮助我们去经历那生活的，那么我们最好去信仰它；除非对它的信仰，有时和其他更重大的利益相抵触。

一种观念，"是我们最好去信仰的"，这很像一个真理的定义。这好像说"我们所应当信仰的"，在这定义里，你们大概没有什么诧异的地方。我们不应当信仰我们最好能信仰的观念吗？我们能永远把我们所以为好的和我们所以为真的分作两件吗？

实用主义说不能，我完全和它一样回答。从抽象方面说，大约你们也都同意，但是有一个疑问，就是说倘若在实际上，我们信仰各项有益于个人生活的事物，那我们必致生起许多关于世界上事情的空想，许多关于未来世界情感的迷信。这个疑问，有很好的根据，是无疑的；我们从抽象的观念到具体的复杂情形，中间另外发生变化，也很明白的。

真理的抵触

我刚说过，我们最好能信仰的一个观念是真的，除非对它的信仰有时和其他更重大的利益有抵触。在实在生活中，什么重大的利益最易和我们个别的信仰冲突呢？除了其他信仰所发生的重大利益和这信仰的不符合，还有什么呢？换一句话说，我们许多真理中的一个，可以成为我们其他真理的最大仇敌。凡真理都有这自卫的本能，与扑灭反对者的愿望。即如信

仰“绝对”的存在，原根据于其所予人之善，而此信仰欲自存，必经过我所有之其他信仰的接斗。现在假定它能给我一个道德的休息日是真的。然而它仍和我的其他真理相冲突，我不肯为了它就舍弃其他真理给我的好处。它又与一种论理相联络，这论理是我所最不喜的，我觉得它纠缠了许多玄学的矛盾，是我们所不能容许的。人生没有智慧上的矛盾，烦恼也已多了，谁还要加这智慧上矛盾的一重烦恼？我所以还是舍弃这“绝对”而单留我的道德的休息日，或者效那职业的哲学家，拿别的原理来解释这道德的休息日。

若我能把“绝对”的观念，限制于它给道德休假的价值，那就不和我其他真理相冲突了。但是我们又不能这样限制我们的假设。这些假设的特点很繁多，冲突的就是这繁多的特点。我对于“绝对”的不信仰，其实就是我对于它那别的繁多的特点的不信仰，因为讲到道德的休假，我完全信仰它是正当的。

实用主义柔和我们的讨论

你们现在可明白我以前所说实用主义是一个调和者的意思，和我借巴比尼的一个字，说实用主义“柔和”我们理论的意思了。实用主义，没有偏执的成见，没有武断的信条，没有什么才算证据的法规，它是完全温和的。它肯用不论什么假设，它肯听不论哪种的证明。因此在宗教上，它比实证的经验主义同它的反抗神学的偏见，与宗教的唯理主义同它的专务高远、简单、抽象的概念，都有优胜的地方。

总之，它把寻求上帝的地域扩大了。唯理主义单靠着论理与天堂。经验主义专重外部的感觉。实用主义情愿容受不论什么，情愿遵从论理或感觉，研究最卑微、最个人的经验。神秘的经验，只要能有实际上的结果，它也容纳的。倘使最卑污的事实中，或者就是上帝存在的地方，实用主义是要承认那样的上帝的。

或然的真理之唯一试验，就是引导我们什么应用得最好，什么能把生活的各部和经验总体的要求配合得最妥贴。若神学观念能这样，若上帝的观念能这样，实用主义怎么能否认上帝的存在呢？一个观念在实用上这么胜利，而说它是“不真”，这是实用主义以为不可的。除了这种具体的、实在的符合，还有什么别种的真理？

在我的末了一篇里，我要回说到实用主义与宗教的关系。你们现在已经可以看见它是平民主义的。它的举止，是变动不拘的；它的势力，是富厚的、无穷的；它的结论，是友好的。

第三篇
玄学上几个问题从实用主义上研究

本体问题

我现在要使大家对这实用主义的方法更熟些，举出它应用到各个问题上的几个例。我先从最干燥无味的说起，第一件就是本体问题。本体(substance)与属性(attribute)的分别，是极古的，在人类语言文字的构造上，即有主辞与宾辞的分别。这里有一块粉笔。它的形式(modes)、属性、所有性(properties)、偶有性(accidents or affections)——你喜欢用哪个名词就用哪一个——是白的、脆的、圆柱形的、在水内不溶解的等等。但是这些属性的担负者是一块粉笔，它是许多属性所附在内的本体。这书桌的属性，附在木头本体内。我这衣服的属性，附在羊毛本体内。粉笔、木头、羊毛虽有分别，同具许多通性(common properties)，又可以作为一个更原始的本体形式(modes)。这更原始的本体是物质(matter)，它的属性是占有空间与不可透入性。我们的思想与感情，也一样是我们各个灵魂的品性。这各个灵魂(soul)是本体，但也是一个更深的本体——“精神”(spirit)——的形式。

关于粉笔，我们所知道的，是白与脆等等；关于木头，我们所知道的，是可燃性和它的纤维的结构。这是很早就明白的。每个本体所给人知道的，是它的一组底属性，它们是这本体于我们实际经验上唯一的兑现价值。这本体由它们显露出来，若我们隔绝了它们，我们永不会知道有这本体的存在。若上帝一直把它们依着不变换的次序送给我们，却在一个时间，忽然很神奇的把它们所寄托的本体消毁了，我们永不能觉察那个时间，因为我们的经验不会变换。因此唯名派的学者(nominalists)说，本体是一个虚伪的观念，为的是人类有个变名为实的老玩意儿。现象是一组一组地来的，譬如粉笔组、木头组等等，每组得了一个名词。这个名词，我们就当是一组现象所附着的。好像今天寒暑计很低，我们就假设是从一件物事叫作"气候"来的。其实气候不过一组若干日的一个名词，人却当它在日子以后另外一件东西。唯名主义家说，凡物所有现象的属性，决不附着在名词里；但是不附着在名词里，就不附着在任何物事里。它们彼此附合，决非如旧观念，有一个我们不能达到的本体来黏着它们，如"水泥"黏着片片的砖石一样。本体底观念，不过有属性彼此附合的意义。这事实以后，别无何物。

圣餐

烦琐哲学(scholasticism)[1]从常识里得了本体的观念，把它变成很学术的、清晰的。我们和本体既隔绝了接触，比本体再少实用效果的物事也很少了。然而烦琐哲学在一件事上，用实用主义的方法来处理本体观念，而证明它的重要。我指那关于圣餐(Eucharist)的神秘之争辩。在这里，本体似有很重大的实用的价值。那饼的品性，在圣餐里明明不改变，然而竟换成了基督的肉体；这个变换，一定单在本体上了。饼的本体，一定抽出了，很不可思议地换成了神圣本体，却并没有变换它的直接的可感觉的属性。属性虽没有变换，而已发生

[1] 又译经院主义、经院哲学。——编校者

巨大的差别，凡承受圣餐的人，所食的不是饼，是神圣的本体。本体观念侵入了生活，有重大的效果，如果你承认本体能与它的品性分离而交换别的品性。

这是我所知道的一个本体观念的实用主义的应用。自然只有已经信仰神圣本体之“真在”(real presence)的人会去郑重研究它。

贝克莱拿实用主义的方法论物质的本体

物质的本体(material substance)经贝克莱严密的批评，很受重大的影响，以后的哲学上，贝克莱的名氏就很有声闻了。他处理物质观念的方法，大家知道，不须更说。他并不否认我们所知道的外界，他补助它的。他以为使外界成为不实在之最有力的原因，是烦琐哲学的物质本体观念。烦琐哲学，以物质的本体为人所不能达到的，在外界之后，却比外界深且实在，而维持外界的。贝克莱说，不要那个本体，信仰这可感觉的世界是你能了解而达到的，上帝所直接给你的，于是证实这句话，并且拿他的神圣能力来做补助。因此贝克莱对于物质的批评，是绝对的实用主义的。我们所知的物质，是我们所得的颜色、形态、硬性等等的感觉。这些感觉，是所谓物质的兑现价值。物质存在或不存在，于我们所发生的差别，就是我们有没有这些感觉。这些感觉，是它的唯一意义。贝克莱并不否认物质，他不过告诉我们，物质所由成的是什么。物质是这些感觉的一个名词，这名词不过真到这个限度。

洛克拿实用主义的方法去论个人的同一

应用同样实用主义的批评于精神的本体(spiritual substance)者，前有洛克，后有休谟。我单述洛克对于“个人同一”(personal identity)的解释。他把这个观念在经验方面立刻划分到它的实用的价值。他说，个人同一的意义，不过是这么些“意识”(consciousness)；不过说，我在生命的一时间，能记忆别时间,而觉得它们都是同一人历史的各部分。唯理主义用我们灵魂本体之单一性,来解释此生命中实用的继续。但是洛克说:假如上帝把意识拿去了,我们因为仍有灵魂,就好些么?假如上帝把同一的意识,联着不同的灵魂,我们知道自我时就坏些么?在洛克的时代,灵魂是受上帝赏罚的一件东西。看洛克从那个观察点讨论,怎样把这问题,保持它做一个实用的问题:

他说:"假如一个人想象他的灵魂就是从前内斯特(Nestor)或梭赛提斯(Thersites)的灵魂,他能想他们的行为就是他的行为吗?若是他一天果能于内斯特的行为有意识,他就觉得自己与内斯特是一人了。……惟其有这个人同一性,才见得上帝赏罚的正当和公平。一个人对于他一些没有知道的事件,不应负责,到了他意识责备他时而受罚,才是合理。假如一个人现在为了他别一生命里所做的事而受罚,对于那个生命,他又一些没有意识,那么这种惩罚和生来便是苦恼有什么分别呢?"

洛克的个人同一性,是实际上可确定的事实所成的。这同一性离了可证明的事实以外,是否也附着在一个精神的要素内,这不过是一个奇异的空想。洛克是一个调和家,他默许我们意识以后,有一个实体的灵魂的信仰。但是到了他的后起者休谟与多数的经验派心理家,都否认灵魂,除非把灵魂作为我们精神生活里可证实的联络的一个名词。他们把灵魂降到经验流里,兑现成了零碎价值,就是"观念"和观念间的关系。如我以前所说贝克莱的物质一般,灵魂也真到这么一个限度,不能再多了。

物质论的问题 说到物质的实体,自然要想到"物质论"(materialism),但是哲学的物质论,不必定联着对于"物质"的信仰。一个人可以否认物质如贝克莱，可以是一个唯象论者(phenomenalist)如赫胥黎(Huxley)，而仍可为广义的物质论者。所谓广义的物质论，是指那用较低的现象去解释较高的现象，把世界的命运，让给它盲性的部分和势力去支配。在这广义上，物质论是和唯心论(spiritualism)或有神论(theism)相对的。物质论说，一切事物是给自然律所支配的。人类奇才所有最高的作物，我们只要完全熟悉事实，自能从事实的生理情状上推算出来，不问自然界是否单给我们的心如唯心论者所争论的。我们的心，无论怎么样，总得去记载那样的自然界，照着它在盲性的物理上定律的行动把它写下来。这是现代物质论的概观，叫它自然论(naturalism)较好些。在它的对面，有"有神论"或者广义的叫它"精神论"。精神论说，心不但察见与记载事物，并且能驱使与运用它们。世界不是被它的较低的分子指导的，是受它的较高的分子指导的。

唯理派论这个问题

寻常这个问题不过是一个审美选择上的冲突。物质是粗糙的、顽钝的、如污泥的；精神是纯洁的、高尚的、尊贵的；精神比物质优越些，那么给它在宇宙里一个高位，是与宇宙的尊严相称的，所以一定要认定精神是统率宇宙的要素。把抽象的要素当作最后的结局，我们的智慧，到了它就只可停住了羡慕思维，不能再进，这是唯理主义的一大缺点。精神论常不过是一个态度，对于一种抽象的羡慕，对于别一种抽象的厌恶。我记得有一个很好的精神论派的教授，他讲到物质论，常说他是"泥土哲学"，以为这就足以驳倒物质论了。

对于这样的精神论，有一个极容易的答辩，斯宾塞先生说得很有力的。在他的《心理学》第一卷末了很精粹的几页里，他指示我们一个物质，这样无限的精微，它的运动，这样不可思议的速而细，如现代科学所设准的，这个物质里不留一些粗糙的痕迹。他指示我们所构成的精神的概念，自身太粗糙，不能综括自然界诸事实的无上的细微。他说，两个名词——精神与物质——都不过是符号，同指着一个不可知的实在，在那个实在里，它们所有的抵触都消灭了。

对付一个抽象的驳论，一个抽象的答辩也够了；因为把物质看作顽钝，而发生对于物质论的反抗，有斯宾塞这一说，也失掉它的根据了。物质实在是无限的与非常精微的。无论哪一个人，曾看过一个死的孩子或父母的面孔的，只须想一想物质能表现那样亲爱的形式，以后也应视物质为神圣了。生命的要素，物质的或非物质的，没有什么分别，物质至少总是协助的，总于生命的目的有关系的。刚说的那可爱的肉躯，就是物质的可能性的一端了。

实用主义论这个问题

我们现在不要像唯智派的专讲原理，我们要拿实用主义的方法，应用到这问题上去。物质是什么意义？世界受物质的驱使或受精神的驱使，能发生什么实际上的差别？这样一问，我们问题的性质就比前不同了。

第一，我要唤起你们注意一个奇异的事实。讲到世界的过去，无论我们当它是物质的创作或有一个神圣的精神做创造者，不生一毫差别。

假设世界的完全内容，是永远不可变换的给我们了。假设世界就在这个时间停止，没有将来了。然后让一个有神论者和一位物质论者来应用他们对抗的解释，于这世界的历史。信仰有神者说明上帝怎样创造这世界。物质论者指出世界怎样从盲性的自然力里成就出来。假设他们两人一样说得圆满，试问实用主义家，选择哪一个理论？如若世界是已经完成了，他怎么样能应用他的试验？他看概念是回到经验所用的物事，使我们寻出差别来的物事。但是照着以上的假设，不会再有什么经验了，亦没有什么差别可寻了。两个理论，都已明示它们的结果，依我们所定的假设，它们的结果是相同的了。实用主义家因此必说，这两个理论，不管有怎样不同的名词，确实同指着一物，所有争论，都是完全文字上的争论。（我们自然假设，两种理论，解释得同一满足的。）

诚意地把这事件想一想，若上帝在那里，他的事实已经完成了，他的世界停止了，那上帝的价值是什么呢？他的价值不会比那世界的价值多一些。他的创造力，能达到那么多的结果，同那结果的优点与缺点，达到了，就不能再前进了。既然不再有什么将来，既然世界的完全价值已经交付，它的完全意义已经实现，既然它不像我们实在的世界，从它的准备将来的机能中，生出添补的要义，那么我们就可用它来衡量上帝了。上帝是一个实在，能做那么许多事。我们对他感谢，也就为了那么许多事，不为别的。从反面的假设，一点一滴的物质，循了它们的定律，也能成就那个世界，不少一些，那么我们不应当一样的感谢它们吗？我们放下了上帝，去让物质独自担负那世界，我们哪里感觉什么损失？有什么特殊的死气或粗劣发现？经验是彻始彻终的，怎么样上帝的存在能叫它更活些，更富些？

直说吧，要给这问题一个答语是不可能的。不论从哪一个假设，我们实际所经验的世界，在细目上总是一样；布朗宁(Browning)说得好，“我们誉它、毁它，总是一样”。它存在那里，不能退却；像一件赠品，不能收回。你说物质是它的真因，于它所构成的条目，不损一分；你说上帝是它的真因，于那些条目，也不增毫末。若上帝在那里，所做的事，也不过原子所能做的，所得的感谢，也不过原子所应得的，一些不能多。若他的存在，于表演上不生差异的结果，那表演就不能因他而得加多的尊严。若他缺席了,剩了原子独在剧场上活动,这剧也不因少了他而成了轻亵。剧完了,幕闭了,你去要求,说它的作家是名手,不能使这剧好一点,你说那作家是庸夫,也不能使这剧坏一点。

所以如果从我们的假设,演绎不出什么经验或行为上将来的细目,物质论与有神论之争,是废话,是无意义。在这里,物质与上帝是一物——是能创造出这完成世界的能力,一些也不多不少——有智慧的人,遇了这种额外的讨论,只有掉头而去。所以对于哲学的辩论,没有确定的将来结果可见的,多数人顺着本能掉头而去,实证主义家与科学家经了考虑掉头而去。哲学文字之空虚的性质,是它所受最普通的指摘。倘使实用主义是真的,哲学应当承受这个指摘,除非对抗的理论可以证明有差异的实际上结果,这结果的微细辽远且不论。普通人与科学家说,他们寻不出这样的结果。若玄学者自己也寻不出这样结果,那么难怪别人的指摘了。他的学问,不过是渲染的琐屑事情,去设立一宗基金,聘任专门的教授,直无意义了。

所以真的玄学的辩论,一定要包括一个实际上的争点,不论这争点是怎样推测的或辽远的性质。要实认这点,请同我回到我们的问题:这回假设我们在这现在生活的世界里,这世界是有一个将来的,是还没有完成的。在这没有完成的世界里,物质论或有神论两端的选择是很关实际的。我们值得费几分钟,来看看它怎样关于实际。

“上帝”不比“物质”较好些,除非他能给人更好的希望

我们若以为从前到现在经验的事实,是盲性原子依着究竟的定律运动的形态,或反转来想,以为是上帝的意旨所构成,照这两种意思,这程序(program)便于我们有怎样的差别呢?以过去的事实论,没有差别。事实已全囊括了;它们里面

的善也取得了，不管它们的原因，是原子还是上帝。因此今日有许多物质论者，一些不顾这问题将来的和实际的方面，只想排去人家对这“物质论”一个名词的憎厌，或竟排除这名词的自身。他们说，物质既然能产生这种利益，那么从机能上说起来，物质也和上帝一般是神圣的，实在与上帝合为一的，实在就是你的所谓上帝。他们劝我们不要再用这两个名词，省却旧的抵抗。一方面我们要取一个名词没有宗教的含义，又一方面要一个名词不表示粗劣、顽钝、不尊贵的意思。不要说上帝，也不要说物质，让我们说它是原始的神秘（primal mystery），是不可知的力（unknowable energy），是唯一的能力（the one and the only power）。这是斯宾塞所劝我们的，若使哲学纯是回溯的（retrospective），他可自命为很好的实用主义家了。

但是哲学也是预料的（prospective），找到了以前世界是什么、做什么、成功了什么，哲学还要问，世界允许什么。若有人能给我们一个物质，这物质允许成功（success）的，它受着定律的支配，能引导我们世界逐渐接近全善的，这样的物质，不论哪个合理的人崇拜它，一定不减于斯宾塞崇拜它所谓不可知的能力。这样的物质，不但曾主持正义，且将永远主持正义。我们所需要的，也不过如此了。上帝能做的，实际上它都能做，它等于上帝，它的机能是上帝的机能，在那世界里，上帝是多余的，无用的。那世界里没有上帝，不损什么。“宇宙的情绪”（cosmic emotion）在这里是替代宗教的正当名词。

但是斯宾塞的主宰宇宙进化的物质，是这样的一个永不终止的全善的定理吗？实在不是，因为每个宇宙蜕化出来的事实或事实的体系，它的将来结局，照科学所预言，都是死的悲剧;斯宾塞解决这争论,专限于美的方面,而忘了实际的方面,实在没有贡献什么重大的补救。现在应用我们实际上结果的定理,去看这物质论和有神论有什么重大意义。

这两要素在实用主义上的比较

有神论与物质论,回溯的看来,没什么差别,预料的看来,指着完全不同的经验状况。因为照机械的进化论,虽然为了我们机体所给我们的娱乐,为了我们心思所构成的理想,我们要感谢那物质和运动的并分配律,但是它们还是依着定命,再要消灭它们的事业,离析它们所蜕化出来的物事。进化的科学所预言的宇宙末日的画图,大家知道的。我不能比鲍尔弗氏(Balfour)讲得好些,他说:"我们体系的力要衰歇,太阳的光要昏暗,无潮流无活动的地球,不再让人种去扰它的沉寂。人要落在陷阱里,他的思想要灭亡。在这一隅里,这短时间内,意识虽打破了宇宙满足的静默,那时意识也休止了。物质不再知有它自己了。凡磨灭不了的纪念碑,不朽的勋名功业,都和没有一样。死,比死更强的爱,也是若未曾有了。凡人世经历无数的年代,无量的勤劳、心力、忠爱、艰辛所得的结果,或好或坏,也只是同没有这回事一样。"见《信仰之基础》(*Foundations of Belief*),第 30 页。

那是它的苦痛所在:在宇宙的风涛中,人生漫无边际地飘荡,虽也望着好多珍奇的岛岸,经过许多变幻的云山,供我们流连赏玩,然这暂时的产物去了,就绝对无一物存留,可表示它们的性质,它们所涵可宝的分子。它们死了,去了,完全脱离存在的范围了。没有一个回音,没有一些记忆,没有一毫影响于后来的人,令他有同一的理想。这种完全的破裂和悲剧,是现在人所了解的科学的质论的骨子。较低的势力——非较高的势力——是究竟的势力,或在我们所见进化时期里最后生存的势力。斯宾塞先生也信这点。我们所不慊于物质论的,是他后来实际上结果的愁惨，他和我们辩论，却好像我们专反对物质与运动——他哲学的定理——的粗劣。

其实不然，对于物质论的真驳论，非积极的，乃消极的。我们现在去说它**是什么**，说它“粗劣”，是滑稽了。粗劣不粗劣在行为——那个我们总知道。我们反对它，是说它**不是什么**——不是我们理想的利益的永久保证，不是我们最远的希望的实践者。

在他方面，上帝的观念纵没有如数学观念的明了，却有一个实际上的大优点，就是保证一个理想的秩序，可以永久存在。有上帝裁判的一个世界，自然也可以烧毁或冻结，不过我们总想有他在那里护持了旧的理想，令它们在别处仍可成熟。所以上帝所在的地方，悲惨是暂时的、局部的，破裂与分解不是最后的。这究竟的道德秩序的需要，是我们心坎里最深的需要之一。但丁(Dante)与华兹华斯(Wordsworth)一流诗人，生活在这种道德秩序的信仰上，所以他们的诗具有伟大的营养精神安慰人心的力量。物质论与精神论的实在意义，就在这不同的感情上实用上的感化力，在我们希望与期许的具体态度的调和，在它们的差异所发生的精微的实效；不在辨析毫芒的抽象理论，无论关于物质的精髓或上帝的属性。物质论否认道德秩序是究竟的，隔断了我们最终的希望。精神论肯定一个究竟的道德秩序，容许那希望。这是一个真的争点；人之为人一日不变，这终是一个严重的哲学辩论的材料。

也许你们中间仍有人这样辩护说，精神论、物质论对于世界将来的预言尽管不同，我们可以把它们的区别看作极远的物事，健全的心看了简直没有。所谓健全的精神的要素，你可以说是能有较短的眼光，不去理会什么世界的终局等空想。你若这样说，你可冤屈了人性(human nature)了。宗教性的忧郁，不是用“癫狂”一个名词所能排去的。绝对的事物、最后的事物、互掩的事物，实在是哲学的问题；凡优越的心，对他们都很觉严重关切的，那具有较浅见的心，不过就是较浅的人的心罢了。

这辩论中事实上的争点，我们现在自然心中不甚明晰。但是各种精神论的信仰，都关涉一个希望的世界，物质论的太阳，却沉在一个失望的海里。记得我前所说绝对的话吗？我说绝对给我们道德的休息日。无论哪种宗教的见解，都给我们道德的休息日。它不但鼓舞我们更奋力的时间，也占有我们快乐的、息虑的、信托的时间。它的根据，自然是含浑的。我们信仰上帝所担保的事实，拯救的将来的明确情状，是要用无穷的科学方法去计算出来。我们的探索上帝，只能探索他的创造物。但是我们能因上帝而喜悦(enjoy)，只要我们有一个上帝，我们可于种种劳苦以前，得上帝的所予我们的喜悦。我自己信上帝的证据，根本的在内部的个人经验里。你自己个人经验，给了你一个上帝以后，上帝的名词至少给你休息日的利益。记得我上次所说，真理的冲突和它们彼此的竞争吗？“上帝”的真理，要去经过我们其他的真理的接斗，它们彼此互受试验。我们对于上帝最后的意见，须等各真理都妥洽而后方能决定。让我们希望它们能寻到一个未解决前暂时的调停(Modus Vivendi)!

自然界的意匠问题

让我再述一个很类似的哲学问题，自然界的意匠(design in nature)问题。从极古的时代到现在，有人以为上帝的存在有自然的事实可证明的。有许多事实，看来像特为预先安排了使它们彼此适合的。如啄木鸟的嘴、舌、脚、尾等等，很奇异的适合它于一个树林世界，有虫类藏在树皮里供给它们的食料。我们眼的各部，完全适合光的定律，引光线到网膜上成清楚的画图。各种原始不同的事物，能这样互相适合，可见有个意匠(design)在里面：这做意匠者常是当作一个爱人的神。

这些辩论的第一步，是证明意匠的存在。于是遍索自然界，去寻觅个别事物交互适应所得的结果。例如我们的眼起源于胎内的黑暗，光起源于日，看它们怎么样彼此适合。视觉是意匠的鹄的，光与眼是达此鹄的之方法。

试想这个论证，我们祖宗怎样一致的信仰，到达尔文的学说盛行以后，竟就不算什么很可异的。达尔文启发我们的心，令我们知道偶然的变化，只须有时间增加起来，就有能力发生适合的结果。他说明自然界中，为了所发生的结果，因为不适合而受消灭，有多量的耗费。他注重许多适应事项里面，若见得有一个意匠者，那意匠者反是恶的而非善的。这全恃各个体的观察点。那啄木鸟天生一张嘴，能啄取树皮里的虫，来供给它的食料，在它一方面，这意匠者是个慈善的神，在树皮里的蠋蛾一方面，这意匠者一定是个恶魔了。

神学者现在也扩充他们的心，去吸受达尔文的事实，不过仍要解释那些事实，以见有一个神的目的在。他们的问题是，目的或机械性到底哪一个发生这些事实。他们好像要我们说："我的鞋子，明白是想法去配我的脚的，说它们是机械造成的，便不可能。"其实我们知道目的与机械都有的：鞋子是机械造成，却计划好用它们去配脚的。神学只须同样的引申上帝的意匠便好了。譬如足球队的目的，不但要把球放在球门里（若单是这样，那他们黑夜里起来，将球放在那边就成了），却还要照一定的条件的机械——足球的规则和对敌竞艺人的分配——去把球弄到球门里；所以上帝的目的，也不单是创造人类、拯救人类，却要凭藉了自然界很大的机械动作去完成他的创造与拯救。没有自然界繁重的定律与反抗势力，则人的创造与成全，不过没气力没兴味的功夫，恐怕上帝也不会肯干的。

意匠自身是空的

这样一说，救了意匠论的形式，牺牲了它旧时的人格的内容。意匠者不是以前所奉的人一般的神了。他的意匠这样广大，我们人类简直不能理解。那些意匠是什么，我们已被它压倒了，单去证明有一个意匠者，比较的没有效果了。我们很难理解一个宇宙的心(cosmic mind)的性质，它的目的，在这实在世界的事物里，善与恶的混杂中，显示出来。我们要去理解，直是不可能的。"意匠"一个名词，自身没有效果，不解释什么。它是最荒瘠的一个要素。有没有意匠的老问题是空话。实在的问题，是若有意匠者，现在世界是什么，若没有意匠者，现在世界又是什么——这个只可从研究自然界的各事项中宣示出来。

要记得不论自然界已发生或将发生的是什么，必须有相当的方法，方法必须适合于那事项的发生。从适合到意匠的论证，因此常可适用，不论发生的是什么性质。如近时波雷山(Mont-Pelée)的爆发，必需以前历史，发生这样毁坏的房子，人与畜的尸身，沉没的船只，火山的灰土等等的正确的结合，在那凶猛的情形中。必须有法国一个国家，还要它必去开拓马提尼克(Martinique)做殖民地。必须有我们这个国家，有我们派遣船只到那地方。若上帝的目的，在于那火山爆裂的结果，那么一世纪一世纪的趋向那结果的方法，指示出绝大的智慧。凡历史上、自然界上，我们所见实现的各事情，皆可作如是观。事物的部分，必定常发生确定的结果，无论混乱的，还是谐合的。当我们看了结果，那发生这结果的种种条件，看来常像完全的安排好来维持它的。因此我们可说，在不论哪个可想象的世界中，这世界有不论哪种可想象的性质，那完全宇宙的机械，也许是曾有意匠的，安排好去产出它的。

问题是什么意匠

从实用主义上说，这"意匠"的抽象名词是一个无子的弹。它不生效果，不做事情。要问什么意匠，什么意匠者，才是严重问题，要得一个近似的解答，只有研究事实一个方法。未得解答以前——从事实上解答，是很迟缓的——有人坚持说，有一个意匠者，说那意匠者是神圣的，那人也从这名词得到些实用的利益。这利益同我们在"上帝"、"精神"、"绝对"等名词上所得的一样。"意匠"这一个名词，若当作事物以上或以后的一个理性的定理，专给我们羡慕的，一无价值；若用我们的信仰去把它换成一个具体的有神的东西，才是一个有希望的名词。我们拿了它回到经验里来，对于将来的观察，就多了些信托。若事物不受盲性的势力，却受一个智慧的势力的驱策，我们可以盼望更好的结果。这含浑的信托将来，是现在意匠和意匠者二名词可察见的唯一意义。若宇宙的信托，是正当的非误谬的，较善的非较恶的，那却是一个最重大的意义。这些名词，至少就含有那么许多可能的真理。

自由意志问题

让我再提出一个很老的辩论，就是自由意志(the free-will)问题。多数人信仰他们的自由意志的，都照唯理派的样子去信仰。自由意志是一个要素，加给人的一个积极的能力或德性，有了它，人的尊严就莫名其妙地增高了。信仰自由意志的，应该为了这理由去信仰。那否认它的定命论者(determinists)[1]说，个人不能自己创造什么，只能将全部过去的宇宙推动，传给将来。他们这样说，是减小人生的。人去了一个创造的要素，没有以前的可欣羡了。我想诸君中总有一半人和我一样，对于自由意志有本能的信仰，且羡慕它是一个尊严的要素，于我们的忠信很有关系的。

它和负责问题的关系

自由意志的问题，也曾经实用主义上的讨论，很奇的，这问题两面的争论者，都用实用主义的解释。你们知道，在伦理学的辩难里，"负责"问题占怎么大一个部分。有好多人以为伦理

[1] 今译为决定论者。——编校者

学的目的是编定一个功与罪的法典。他们抱定老的法律与神学教训,对于犯罪与惩罚的兴趣。"谁应任咎?""我们能罚谁?""上帝将罚谁?"这些先有的观念悬在人类宗教历史上,像一个恶梦。

自由意志论与定命论,在彼此仇敌眼里,都是没意思的,都使善事或恶事做了,不能归功或归咎于它的作者。很奇的矛盾!自由意志的意义,是在过去上接了一个新事物,为过去里没有包含的。自由意志论者说,若我们的行为是前定的,若我们只能传导全部过去的推动,我们怎好为了所做的事而受毁誉呢?我们自己不是主体,不过是机械,这样讲,哪里还有什么归咎与负责可言呢?

定命论者驳他道,若我们有了自由的意志,这归咎与负责又在哪里?若一件自由的行为,是完全一个新物事,不从以前的我而来,不过附加在我上,怎么可以令我,以前的"我"来负责呢?这"我"又怎样能有永久的性质来受这毁誉呢?人生好像一串珠子,内部的必然的线,给乖谬的非定命主义抽掉了,就散下来成了一粒一粒不相衔接的珠子。富勒顿(Fullerton)和麦克搭加(McTaggar)近时主张这样的论证最力的。

这种论据,或者是好的对人立论式(ad hominem),否则是可怜的。无论何人只要有"实在"的感觉的,不应觉得羞愧来主张这个尊严或负责的要素吗?他们的本能(instinct)和实利(utility)就可以很安稳的靠托了去干那奖劝惩戒的社会的事务。一个人做了好事情,我们称赞他,一个人做了坏事情,我们惩罚他——这是当然的。这与行为是前定或新加的理论不相关。要把人类伦理学根本放在功绩(merit)的问题上,是很可怜的不实在——如我们能有什么功绩,只有上帝知道。假定意志自由的实在根据,在实用上。它同过去讨论中惩罚的权力问题没有关系。

在实用上，自由意志的意义是世界中新事实(novelties in the world)，是我们一种权力，在它最深的分子里与表面现象里，我们可以盼望将来不是复现或模仿过去。模仿的全体，是在那里，谁能否认？每个较小的定律，都预先假定自然界的一贯。但是自然界的一贯也许不过是近似的。知道世界的过去，因而生一种悲观(或对于世界的善的性质的怀疑)的人，当然欢迎自由意志论，当他是一个改善的淑世的主义(melioristic doctrine)。这种主义，至少说进步是可能的；若定命论则坚持我们可能性的观念，是人类愚昧所产生，世界的运命，全受必然性与不可能性的主宰。

自由意志是宇宙论上一种学说

这样看来，自由意志也是一个有希望的宇宙论上的学说，和"绝对"、"上帝"、"心"或"意匠"是一类。抽象的看没有一个名词有内容。在一个自始便是全善的世界里，没有一个名词能留最少的实用上价值。若世界已经是快乐的惰乡了，单是生存上的夸足、纯粹的宇宙的感情和愉悦，可以消杀这些思辨的兴味。我们在宗教的玄学里的趣味，原因为觉得我们经验的将来不安全，需要一种较高的保证，才感起的。若世界的过去与现在是全善的，谁盼望它将来就不一样的善？谁还愿望自由的意志？谁不愿像赫胥黎一般说"让我每天如时针一般开足了，定命地向前走，我不要求更好的自由了"？在一个已经完全好的世界里要有自由，那自由只能是趋向不好些的自由，谁的头脑不健全到那样去希望它？若事物是必然的，那么乐观的宇宙的完全，到了最后一步了。一个人所能合理要求的可能性，是事物趋向好些的一个可能性。那个可能性，我不消说，在实际世界里，有许多根据，可以令我们愿望的。

自由意志，除了是一个救助的主义，没有意义。它在别的宗教主义中占一地位，为了它是救助的主义。那些宗教性的主义，都是要建筑旧的废址，补修旧的破败。我们的精神，关牢在一个感觉经验的院子里，常常对那高塔上的智识说："看守的人啊，你若望着夜里带着有希望的物事，告诉我们啊！"智识就拿这些含有希望的名词说给它听。

除了这个实际的意义，这些名词，如上帝、自由意志、意匠等，没有旁的意义。从唯智派的说法，这些名词自身虽黑暗，但是当我们带它们到生命的密林里去，这黑暗在那里能给我们光明。你若以为单得了它们的定义，便算到了智识的结局，你便怎么样呢？很呆笨的望着一个夸大的虚伪！"上帝是实在，是自身存在的，是超越万物以外以上的，是必然的、一个的、绝对全善的、简单的、究竟不变的、大的、永远的、智慧的"等等，这样一个定义，有什么教训呢？这些形容词没有意义。只有实用主义能读一个积极的意义进去，且一些不取唯智派的观察点。"上帝是在他的天上，世界是很好的！"——那是你的神学的中心，用不着唯理派的定义。

为什么我们大家，唯理主义家和实用主义家，不承认这个呢？实用主义，并不如人家责备它的，专向着最近的实用的地方，也望着世界最远的配景。

实用上争点是这些问题的两面各允许我们什么希望

试看这各种最后的问题，怎样都在它们的枢纽上旋转；怎样从向后看着原理，看着一个知识论上的我（Erkenntnistheoretische Ich）、一个上帝、一个因果要素（Käuaslitätsprinzip）、一个意匠、一个自由意志，作为在事实以上严重高尚的东西——实用主义却移了注重点，向前看着事实的自身。实在重大的问题，是这世界将成什么的世界？生命到底自己造成什么？哲学上的重心，所以应当移改它的地点。事物的尘世，给天空的荣威遮没久了，现在必须重享它的权力。这样的移置注重点，意思就是，哲学问题的处理，应用一个更科学的、更个别的心，不像从前的抽象，却也不是完全没有宗教性。这样“权威所在点”的改换，令人想到从前基督教的革新。从旧的教皇派看来，新教是一堆的纷乱；从哲学里极端的唯理派看来，实用主义也是这样无疑。他们看着实用主义，是哲学上的废物。但是在新教国家里，人生也一样的长进，一样的获得它的目的。我冒着险想，哲学上的新教，也要获得同样的胜利呢。

第四篇
一与多

完全反射

我们在上篇里说实用主义的方法，处理各概念时，不是羡慕的默想就算了，是要拿了这些概念，奔赴到经验流里，用了它们做方法，去延长观察的范围。意匠、自由意志、绝对的心、精神，它们的唯一意义，在世界结局有更好的希望。不论它们是真是假，它们的意义就在这淑世主义。我有时想，光学里一个现象，名为"完全反射"(total reflexion)，是实用主义所想的抽象观念与具体实在关系的好符号。拿一个盛了水的玻璃杯，举起了比眼稍高些，经过那水望上看着水面——或用玻璃缸，照样的经过玻璃去看水面更好——你就看见很明亮的一个反射的影，这影或是烛光的焰或是杯子那一面别种清楚的物事。在这种情形下，没有光线能过水面，每个光线是总体的反射到水里。让水代表可感觉的事物的世界，让水上的空气代抽象观念的世界。两个世界自然都是实在的而交互动作的。但是它们的交互动作，只在交界的地方。现在我们经验所达到的，各种生活的或给我们遇着的物事之所在点是水。我们像鱼，游在感觉的海里，上面有较高的分子(空气)限制着，但是我们不能完全呼吸它或穿过它。我们从它得着氧气，我们不停的接触它，一会在这部分，一会在那部分，每次接触了仍旧回到水里，我们的进程重决定了，重积力了。空气所代表的抽象观念，是生命不可缺少的，但是它们自身不可呼吸的，只在重行指导的机能中活动。各种直喻(similes)都是跛形的。这一个我却喜欢用它，因为它指出怎样一件物事自身不足供给生命的用处，却可在别地方做生命有效力的决定者。

在这一篇里，我愿意再举一个实用主义方法应用的例。我愿意放它的光，去照在那“一与多”(the one and the many)的老问题上。我想你们中间为了这问题而晚间睡不着的人很少，就是有人告诉我，说从来没有给这问题烦扰过，我也不以为异。我自己呢，默想了好久了，觉得它是一切哲学问题中最中心的一个问题，最中心的，因为含义最多的。我的意思是，若你知道一个人是坚决的一元论者，或坚决的多元论者，你大概就知道他其他的意见，比你叫他别的“论者”(ist)总知道得多些。信仰一或信仰多，是最多实效的分类。所以这一点钟，我要试将我自己对这问题的兴味感动大家。

哲学不但求统一性也求全体

人家常给哲学一个定义，说哲学是世界的统一性(unity)的寻求或发现。对这定义抗议的人很少，照这样讲原也不错，哲学在统一性上的兴趣，超过其他诸事物上的兴趣，是很显明。但是事物里的繁多又怎么样呢？那倒没有什么大的矛盾。只要把哲学一个名词，改了我们的智识同它的需要，我们立刻就可以看出统一性不过是需要中之一。伟大智慧，固然要能把事实汇别系统，却也要能知道事实的各细目。一种有大辞书般的学问的人同你的哲学家一样受人称道的。我们智识实在所求的，不是繁多，也不是统一，乃是全体(totality)。参看 A. Bellanger[1] 所著的 *Les Concepts de Cause et L'activité*

[1] 今译为贝朗热。——编校者

intentionelle de l'esprit[1]，第79页。在这里面，实在的繁多的知识和它们的关系的理解，一样重要。好奇性与系统的欲望相辅而行。

唯理主义家对统一性的感情

这虽是很明白的事实，事物的统一性总比它们的繁多更觉显著。一个少年，起初想象这全世界构成一个大事实，同它的各部分的并进和联络，想到了这个观念，如得了什么大识见，很自满的，看了那些没有得到这宏大概念的人，很有些傲慢。一元的见解，抽象的说来，十分含浑，好像不值得什么智识上的辩护。然而在座的人中，也许每个人都抱着这个见解，不过形式不同罢了。一种抽象一元论，一种感情上的反应对于世界一性，觉得和众性不相联属，很优美超越的，这样观念在有教育阶级中很盛行，可以说是哲学常识的一部分了。我们说，世界自然是一元的。否则怎么还是一个世界呢？平常经验主义家，笃信这样抽象的一元论，和唯理主义家一般的。

他们的区别，是经验主义家没有唯理主义家那么眩惑。他们不为了统一性，就对于别的都盲目了，他们对于特殊事实的好奇心，也不为了统一性便消灭了。有一派的唯理主义家却很神秘的解释抽象的统一性，为着它忘了各种别的事物，当它一个定理，去羡慕它、崇拜它，到了它，如到了知识上的最终点。

"世界是一元的"——这个公式可以成为一种数目崇拜。"三"与"七"是曾作为神圣数目的；但是抽象的讲，为什么"一"便比"四十三"或"二百万又十"较优美些呢？在这世界是统一的最初含浑的信念里，我们捉摸不到什么，我们几乎不知道我们当它什么意义。

---

〔1〕 今译为《原因的概念及精神的有意识活动》。——编校者

要去明白那观念，只有从实用主义上处理它的一法。假定这一性存在了，在效果上什么事实便有差别？这一性怎样可以知道？世界是一——是了，但是怎么样的一？这一性于我们有什么实用上的价值？

从实用上论有许多地方世界是一个

提到这些问题，我们便从含浑趋向明晰，从抽象到了具体。我们就可以看有许多样方法，那世界的一性，能发生一个差别。我把那更显明的几样陆续说出来。

（一）世界至少是一个推论的主题。若世界的多性，十分确定，不容许它各部分有什么联合，就是我们心里，也不能一刻上有全部的意思：那众多部分，如望着相反方向的眼睛。但在事实上，我们用这种抽象名词如“世界”、“宇宙”等，明示不漏一部的意思，我们的确是概括全部而言的。这样讨论上的一性，并不含其他一元的意义。一个“浑沌”，也和“宇宙”一般有讨论上的一性。若多元论者说：“宇宙是众多的”，一元论者偏以为自己已得了一大胜利。他们笑着说：“你说宇宙吗？你的语言已泄漏了自己。你从自己嘴里承认了一元论了。”不差，让世界是一到这度。你可以把“宇宙”一类的字，去指事物的全部集合体，然而有什么要紧？事物的一性，能超过这度与否，能含更有价值的意义与否，依旧还没有决定。

一个讨论的主题

（二）譬如问，事物是继续的吗？你能从一事物移到他事物，常在你的一个宇宙范围里，而没有轶出它的危险吗？换一句话说，宇宙的各部分是像分散的一粒一粒的沙吗，还是团聚的？

它的部分的交互作用

就是一粒粒的沙，埋在一个空间里，也还是团聚的。你如能在这空间里行动，你可以继续的从一粒到他粒。空间与时间，是世界各部分所从团聚的继续性的媒介。从这各种联合所得的实际上差别很大。我们全部动的生命（motor life）的根本，即在其上。

（三）事物中还有无数其他实用上继续性的途径。它们所因以聚集的诱导线(lines of influence)可寻得出来。循着这线,你可以从一事物移到他事物,直到你遍括了世界的大部分。在自然世界上,重力与热的传导,都是这样综合的诱导。电的、光的、化学的种种导力,都循着同样的诱导线。但是不透明、不活动的物体,是间隔继续性的,你若再要前进,须绕过它们,或改换你进行的形式。在实用上说,那第一诱导线所组成的宇宙的统一性,你已经失掉了。

特殊事物与其他特殊事物,有无数种类的联合。它联合的全部,就成为事物所由团聚的一个系统。人与人团聚,在一大"相识"的密网里。布朗认得琼斯,琼斯又认得罗宾逊,如是类推;你只要选好了更远的居间人,可以从琼斯带上一封信给中国的皇后或非洲的酋长,或不论哪一个居住在这世界上的。在这试验里,若选错了一个人,你就如遇着一个非传导体似的停止了。所谓爱的系统,也接在这"相识"的系统上。甲爱(或恶)乙,乙爱(或恶)丙,如是类推。但是这些系统,比它们先有的大"相识"系统较小了。

一性和多性是同等的

人类的努力,日日用更确定、更有系统的方法把世界统一起来。我们已有殖民的、邮务的、领事的、商业的种种系统;在各系统内,众多部分俱循了一定的诱导,这诱导单在那特别系统内流行,与系统外的事实没有关系。结果是世界的各部,在较大的联合以内,有无数小联合,在较广的宇宙以内,不但在推论上,并且在动作上,有无数小世界。每个系统代表联合的一种类或一等级,它的部分,贯串在那种特殊关系上;而同一部分,可以出现于许多不同的系统里,像一个人可以有几种职务,或属于几个会社。所以从这系统的观察点上说,世界一性的实用上价值是这样繁多的交错的密网之存在。有几种多包括些,更宽广些,有几种少包括些,较限制些,它们一个一个的彼此层累着，中间不让一个单独的宇宙部分脱漏了。事物中的分解，其总量虽甚大（因为这些系统的诱导与联合，依着极限制的途径），而每个存在的事物，总受他事物的诱导、影响，只要你能正确的寻出那路径罢了。泛说起来，一切事物，不知怎样，都彼此附着，彼此结合，宇宙的存在，具这么交互联络的形式，成为一个继续或完整的事件。无论哪种诱导，你若一步一步的寻去，总能看出它助成世界的统一性。所以你可说“世界是一个”——意思以有这些诱导为度。到了没有这些诱导的限度，世界也就确定的不是一个了；若你不选传导体而选了非传导体，没有一种联合可以永不失败的。你遇着它就停止了，从那个特殊的观察点，你就须说世界是众多的了。若我们的智慧，对于世界分离的关系，也和对于它联合底关系，有同样的兴味，哲学也定能同样胜利地说明世界是“不统一”的。

这里应注意的一点，是一性与多性绝对相等的。没有一个是原始的，或比他个更必要些或优美些。正如空间，它的隔离事物与联合事物正相等，有时一种机能，有时他种机能，使我们更关切些；我们与诱导的世界的普通关系，也是这样，我们一时需要传导体，一时又需要非传导体，我们的智慧，正在能知道在适合的时间，需要的是哪个。

同一起源的问题

（四）凡这些诱导或非诱导底系统，可以列在世界的因果的统一（causal unity）问题之下。若事物中间较小的原因的诱导，同归向一个过去公共的大原因，我们就可以说到世界的绝对的因果的统一了。因袭的哲学上，上帝创造日的命令，就是这样一个绝对的原因。超绝的唯心论，把“创造”翻成“思想”，说神圣行为是“永远的”（eternal）不是“最初的”（first），但是众多归一，仍是绝对，除非有“一”，不能有“多”。反于这万物一元的观念，有多元的观念，以为有一个永远的常住的自性存在的多，或是物质的原子，各是各种精神的单位。这理论的两端,有个实用上的意义无疑,但在这几篇讲演里,最好让这问题去没有解决。

种类的统一

(五)从实用上讲,事物中最重要的一种联合,是它们种类的统一(generic unity)。事物依着种类存在,每种类里,有众多标本,这"种类"对一标本含什么意义,也对同"种类"里其他标本含同一的意义。我们虽能想象世界里每个事实都单独的,都与一种类里他事实不相似的。但在这样单独事实的世界里,我们的论理将无用,因为论理的应用,就靠着种类真,则单独事例也真的肯定。世界里若没有两件事物能相似,我们便不能从过去经验推论到将来经验。所以事物里有这么多的种类的统一,是"世界是一个"这句话最重要的实用上一条意义。若是有一个总类(summum genus),在它下面各种事物没有例外,都包括在内的,那就有绝对的种类的统一了。实在(beings)、可思议的(thinkables)、经验(experiences),这类名词,都预备占这总类的地位。这些名词所表示的两方面,是否有实用上意义,又是一问题,我情愿现在且悬而不断。

一个目的

(六)"世界是一个"这句话,还有一条专义,就是目的的统一。世界上有很多事物,归入一个公共目的。凡行政上、工业上、军事上,与其他种种人为的系统,为了它统御的目的各自存在。每个生物,各自营求它特殊的目的。它们也照着发展的程度,协助去营求集合的或部族的目的,这样,较大的目的,包括较小的目的,直等到各种事物,没有例外,都是辅助一个绝对的、单独的、最后的、紧急的目的。不消说,外象与这见解是抵触的。我在第三篇里曾说过,无论哪一个结果,也许是曾经预先安排好,但在事实上,我们知道世界上没有一个结果,在它各节目中,是曾经预先安排好的。人与民族国家,起头有富、伟大,或善的含浑观念。它们每进一步,总望见未预料的机会,失掉已经有的旧景，普泛目的的专义须日日变换。末了所达到的，比原来所决定的或好些，或坏些，总是更复杂的、不同的。

我们自己不同的目的也彼此竞争冲突。一个目的不能推翻他个，它们就互相调和；结果是与以前的目的都不同了。以前所决定的，也许含浑的普泛的达到了许多；但各事物很坚决的指示我们，我们的世界，在目的上只是不完全的统一，还在那里要获得更好的统一组织。

无论何人，要求绝对的目的统一，说有一个目的，宇宙里什么条目都是辅助它的，这样的人，很冒了一个独断式的推论的危险。神学者这样独断的，当我们对于世界各部分利益冲突，愈有具体的理解，他们对于那一个大紧急的目的是什么，也愈不能想象。我们诚然看见有几种恶是有用于后来的善的；苦的使甘的更好；我们遇着一些危险艰难，最能使我们努力来奋斗。我们能含浑的概论，说宇宙所有的恶都是造成它更大的善的。但是实际上呢，恶的度数，现于目前的这样高，简直拒绝一切人类的容忍：那布拉德雷和罗伊斯书里的超绝的唯心论，比起《卓孛书》[1]旧约书的一编来，也并没有给我们更合理的解释——我们还是觉得上帝的行为不是我们的行为。一个上帝，能喜欢这样恐怖的余剩物，就不是我们人类所能告诉的一个上帝。他的动物性太多了。换句话说，有一个目的的绝对，不是平常人的人性的上帝。

一个故事

（七）事物里也有美的统一(aesthetic union)和目的的统一很相像。事物讲一个故事。它们各部分贯串起来，好像构成故事里的一个最高点。它们彼此互用的很有意味。回顾起来，一串事情里，虽看不出确定目的在中间主持它们，这些事情却自

[1] 今译为《约伯记》(*Job*)。——编校者

成一个戏剧的形式，有开场，有中段，有结束。在事实上，一切故事都结束的；多元的观察点，在这里又自然些。世界充满了部分的故事，彼此平行，在单零的时候，自为起讫。它们自然有许多点交互错杂，彼此组合，但是我们不能在心里完全统一它们。要讲你的生活历史，我一定暂时须移我的注意，从我自己的历史到你的。就是有两个孪生的兄弟，做他们的传记的人，也须更迭的促他读者的分别注意。

所以无论何人，说世界只讲一个故事的，说了一个一元论的独断信条，去信仰它是冒险的。世界的历史，从多元上去看，是容易的，像一条绳子，其中每个纤维都各讲一个故事；但是要去把绳子的横截面，每个看作单独事实，又要将完全纵贯系综合成一个存在，有一个不分离的生命，是较难的一件事。我们还可以借助于胚胎学的譬喻。现在有一个胚胎，显微镜学者做了一百个平的横截面，而在思想上仍将它们联合成一个全体。这大世界的分子，只要是存在，都像绳子的纤维，是不连续的、横截的，不过在纵系上联合。从那方面看，它们是众多的。就是胚胎学者，研究胚胎的发育，也须将每个单独机能的历史分别的叙述。这样说，美的统一，又是一个抽象的理想了。说世界像戏剧，不如说它像记事诗。

照以上各节看，世界是受众多系统、种类、目的、戏剧统一的。在这各项上，实在有比形态上更多的联合，也是真的。说世界也许有一个统治的目的、系统、种类、故事，也是一个合法的假设。我所要说的，是现在一切证据还不够，就去独断的肯定，是太卤莽了。

一个知者

（八）一百年来最大的一元论的理想，是一个知者（the one knower）的观念。众多（the many）的存在，不过是他的思想的对象——好像存在于他的梦里；照他所知道的，它们有一个目的，构成一个系统,给他讲一个故事。这包罗万有的知的统一(noetic unity)的观念,是唯智派哲学最伟大的成绩。信仰绝对——那泛知者的名词——的人常说,他们信仰,因为有迫压的理由为清楚的思想家所不能逃避的。绝对有极大的效果,我在第二篇里说起几端。它若是真的,一定有许多种重要的差别发生。这样"实在"的存在之论理上证据,我在这里不能细述,只能说我看去没有一个正当的。因此这"泛知者"(all-knower)的观念,我只能将它作为一个假设,和多元论的观念,以为宇宙内容没有一个智识的中心,在论理上正平等。罗伊斯教授说:"上帝的良心,在他的全善中成为一个光明的有意识的时间"——这是唯理主义坚持的知的统一的一种。经验主义却只要人性上熟悉的一个知的统一性就满足了。每个事物的被知,必有一个知者同别的条件;但是到底这知者是不能减少地众多的。这些知者中最大的一个,未必能知每事物的全部,或一刻便能知他实在所知的。他也会忘却的。以上两种知的统一,不论得到哪一种,世界在知识上还是一个宇宙。它的部分,还是以知识联络起来的,不过在一种里,这知识是绝对统一的,在他种里,这知识是贯串的交覆的罢了。

　　一个立时的或永久的——这两个形容词,在这里有同样的意义——知者的观念是唯智派哲学最大的成绩,我已说过了。这观念将以前哲学者所尊重的"本体"概念不啻扫除了。以前人家用"本体"这个名词去做许多统一的事务——普遍的本体,是在自身内与从自身有存在的,经验的各项,不过是它的形式,不过给它赞助。经了英国学派实用上的批评,本体也屈服了。现在用这名词,不过像说,现象的来,实在是归类的,具联合的形式,这些形式,就是我们有限的知者所联合经验或思想的。这些联合的形式,是经验组织的部分,正如是那些部分所连续的名词。近时的唯心论，能使世界联合，有这些直接的可表示的法子，不似从前用那不可想象的原理，说世界的统一，是它部分的“内附”(inherence)，这真是近代唯心论实用上的大成绩了。

实用主义方法的价值

所以“世界是一个”，以我们经验着它的联络为度，看见有许多确定的联合，它是一个。看见了有许多确定的不联合，它也就不是一个。一性与多性，这样寻得的，是在各方面里不能分别一个一个的，指它的名词出来。世界不是纯粹的一元宇宙(universe)，也不是纯粹的多元宇宙(multiverse)。它的一性的种种形状，要精确考量起来，指示我们科学事业上许多种明晰的程序。实用的问题，如“我们所知的一性是什么？一性能发生什么实用上的差别”，使我们不致看了高远的理想，就遑着狂热的激动，去承受它，却用一副冷静的头脑，向经验流里去探索。这经验流，也许显示出更多的联合与统一，为我们前此所没想到，但是照实用主义的原则，我们决不能预先要求绝对的统一性。

绝对一元论

绝对的统一性有什么确定的意义，不容易见。大概多数人对于我们所达到的沉静的态度也满意了。不过在座的人中，也许有几个具有根本上一元论的思想，不肯就让一与多站在平等地位上。以上所说各等级的统一，各种类的统一，遇着非导体便停止的统一，只能有表面的连续没有内部的束缚的统一，总之，联络的一种统一，这些话，你们看起来还是半段的思想。事物的一性，在它多性之上，一定也有更深的真理，一定是世界更实在的状态。实效的见解只给我们一个不完全的合理的宇宙。实在的宇宙，一定要成一个无条件的存在单位，一个固结的东西，它的各部分完全交互错综的。能这样，我们的世界才好算完全合理。

这个过度的一元论思想于许多人有很大的意义，是无疑的。“一个生命、一个真理、一个爱、一个原理、一个善、一个上帝”——我引今天邮局送到的基督教科学的一本小册子的话——这样的信条，有实用上一个感情的价值无疑，其中的“一”字与别的字有同等的价值，也是无疑的。但我们若用智识去实认这“一”的意义，我们仍须回到实用主义上去决定。这“一”的意义，或专指一个推论主题的宇宙；或指可以考定的联合与接续的总体；或指联合的一种包罗万有的媒介，如一个本原、一个目的、一个知者。在事实上，今日从智识上求“一”的人，常指着一个知者说的。他们想，一个知者，包括各种联合的形式。他的世界的各部分，必定是交互错综，成为一个论理的、美的、目的的单位，这个单位是他永远的梦。

绝对知者的性质，我们不能明白表示出来，我们假设那绝对一元论所有的权力，不是从智识来，却从神秘主义而来。要好好的解释绝对一元论，你须先做了一个神秘主义家。从历史上看，神秘的思想常发生一元的理解。这时不能详说神秘主义的普通问题，我不过要引一段神秘的学说，来证明我的意思。一元论系统的模范，要推印度的吠檀多(Vedànta)哲学。吠檀多哲学宣传者的模范是维韦卡南达氏(Swami Vivekananda)。他几年前到我国来游历过的。吠檀多哲学的方法是神秘的方法。你不须推理，不须思考，只要经过了一定的训练或修养，自能悟见，悟见了就能报告真理。维韦卡南达自己在一篇讲演里报告真理道：

维韦卡南达氏

> 一个人悟了这宇宙的一，生命的一，各事物的一，哪里还有什么烦恼痛苦？……人与人的分离、男与女的分离、长与幼的分离、国与国的分离、地球与月的分离、月与日的分离、原子与原子的分离，这是众烦恼的

原因，吠檀多说，这个分离是不存在的，不实在的。这不过是表面的现象。事物里面，还是一体。你若探它的里面，就见人与人、妇人与孩儿、种族与种族、上与下、富与贫、神与人都是一个，你再深探，就见人与畜生，也只是一个，到了这境界，幻想都没有了……哪里还能有幻想？谁能幻他？他了解了事物的实在、事物的秘蕴。他哪里还有烦恼？他欲望什么？他已经寻得事物的实在，到了无上，到了中央，那是各事各物的一性，是究竟安乐，究竟知识，究竟存在。死亡、疾病、忧愁、烦恼、不满足，一些没有。……在这中央，在这实在里，没有人要我们悲哀，没有人要我们愁苦。它已贯彻了万物——它是纯洁的一，无形式、无体象、无污垢，它是知者，它是大诗人，它是自我存在的，它是给各人所应得的。

看他这一元论的彻底的性质。分离不但被一性战胜了，简直否认分离的存在。没有众多。我们不是一的部分；它没有部分。我们既然是存在的，我们每人都是一，不可分的、总体的。一是绝对，我就是那个一。这样宗教，从情绪上说，有很高的实用上价值；它给人一个完全的平安。维韦卡南达氏又说：

当人悟见了他自己和宇宙的无限存在是一，当一切分离都灭了，当诸男子、女子、神仙、动植物、全宇宙都融化为一了，这时一切恐怖也都消灭了。恐怖谁？我会损害自己吗？我会杀伤自己吗？你恐怖你自己吗？这时一切悲苦也消灭了。什么能使我悲苦？我是这宇宙的一个存在。这时一切嫉忌也消灭了。嫉忌谁？我嫉忌自己吗？这时一切恶感情也消灭了。我对谁有恶感情？对我自己吗？宇宙间没有别人，只有我……除去人我的分别，就除去有众多的迷信。“在多性的世界中，能见那一性的人；在无情的众庶中，能见那一个有情的存在的人；在这梦幻的世界中，能寻得那实在的人，只是他有究竟平安，别人没有的，别人不会有的。”

对于这种一元论的音乐，我们大家都是知音的，它提高人生，它奋发人生。我们至少各人有这神秘主义的种子在里面。当唯心主义家述他对于绝对的论证，说：无论何处，承认有一点最小的联合，就在论理上承认绝对一性；无论何处，承认有一点最小的分析，就在论理上承认完全分析。我总疑他们思考的弱点，所以不暴露出来，是因为有一层神秘的感情保护着，觉得合论理不合论理，无论怎么牺牲，绝对的一性必须说是真的。一性无论怎样，能胜过道德的分离。在爱情里，人人都有诸有情生活的总联合的神秘种子。我们听了这一元论的议论，这神秘的种子就反应了，就承认它的权力，把智慧上的关系置之第二层了。

在这篇里，我不再多讲这问题的宗教上道德上诸方面。在末篇里，我还有许多话要说。

现在姑且不论这神秘的理想所假设有的权力，将这一与多的问题纯粹用智识上方法来解决，我们就明白实用主义所立的地位了。用理论发生什么实际上差别做标准，我们就看见它对于绝对的一元论与绝对的多元论一样是拒绝的。世界的各部分，有确定的联络而集合起来，依这个为度，世界是一元的。这确定的联络没有了，依这个为度，世界是多元的。最后，因为人类的努力,构造的联络系统愈多,宇宙也日趋于统一。

除了我们所知的这宇宙以外,我们能想象别的宇宙,含有各等级各种类的统一。宇宙最低的一级,或者是一个单简的相联的世界。它的各部分不过用着接续词“与”联络起来。我们各个的精神生活的集合还是这样的宇宙。我们想象的空间与时间、我们幻想的目的与事情,不但彼此并不结合,也和别人心里同样的内容无确定的关系。我们各幻想,彼此不相影响,不相干涉,只是惰性的错综。它们同时存在,不过没有次序,没有容受器,最与绝对的众多相近。它们为什么要一块儿被人知道,我们想象不出那理由;若它们是一块儿被人知觉,怎样可以给人知道是一个有系统的全体,我们更想象不出那理由。

但是加上了我们的感觉与身体上动作,这统一就到了更高的一级。我们的听觉视觉与动作,归入时间与空间两个容受器,每件事情都有它的时日与地点。它们成为“事物”,有“种类”,且可以分析。不过我们仍能想象一个事物与种类的世界,里面没有原因的交互动作。每个事物对于其他事物是惰性的,不传播它的诱导力的,或只有机械性的诱导,而没有化学性的动作。这样的世界比我们的世界更不统一。或者有了完全的自然的化学性交互动作,而没有精神生活;或有了精神生活,而单是各人私自的,没有社会的生活;或社会的生活限于“相识”而没有爱;或有了爱,而没有习惯制度去范成系统。这种种的宇宙阶级里,虽然从较高的望较低的看时,是劣等的,然没有一个可以说是绝对的不合理或分离的。假如我们的心能有精神感应的联络,彼此能立刻知道各人想的什么,到了那时,看现在所生活的世界,又觉它是劣等的了。

各类统一的讨论

拿过去无量时期,供我们层层的推想,我们似乎可以假设这宇宙蜕化各种类的统一,与人类适应它的需要而蜕化种种系统差不多。这个假设若是合法的，则总体的一性，不现于事物的起源，却要现于事物的终了。换言之，“绝对”的观念应以“最后”(ultimate)的观念代之。两个观念的内容是一样——就是事实的最大统一的内容——不过它们的时间关系恰相反了。参阅席勒：《人本主义》(*Humanism*)，第204页。

宇宙一性的问题，经这番实用主义上的讨论以后，诸君应当知道为什么我在第二篇里引用我的朋友巴比尼的话，说实用主义可以柔和我们的理论。主世界一性说的人，大概不过抽象的肯定，谁怀疑的就是疯癫。一元论者的气质这样强烈，他那坚执的态度与合理的讨论和差别的分析不相容。绝对的学说，更是一种独断的限制的信条。存在的统一、知识的统一，既是论理上必要的，以相互的必要，范围联合诸较小的事物，那种内部的严密怎么可以容许一些减少呢？多元论最小的疑惑，一部分从总体束缚上最小的分立，就可以破坏这绝对的一。绝对的一，不容程度——一杯水只须有一个霍乱疫的细菌，就不能要求绝对的清洁。一部分的分立，无论怎样小，它的害绝对犹细菌的害水一般。

多元论不取这独断的严密的气质。只要承认事物中有一点分离、一点独立，各部分有一点自由行为，有一点新发生的事或机会，无论怎么样细微，多元论就满足了，就是有实在的统一，无论怎么大，它也肯容认的。这统一的量，也许非常巨大，但是只要有一些分离的痕迹，没有化掉，绝对的一元论就破裂了。至于究竟统一的量数有多大，是一个问题，须从经验上解决，也不是凭空可以争执的。

结论：我们反对一元论的独断主义而服从经验上的发现

事物中到底有多少统一与分离，须从经验上决定，未决定前，实用主义必须自附于多元论的一方面。实用主义也承认总体的统一，一个知者，一个起源，一个固结的宇宙，这样假设，有一日也许可以成为最可承认的一个假设。未到那时之前，我们却须诚意的采取那相反的假设，就是说，世界仍没有能完全统一。这个假设，是多元论的主张。绝对一元论，不许人家严重去讨论这主义，说它自始便是不合理的。实用主义要遵着多元论底经验的途径走，显然不能不背着绝对一元论而行了。

这个让我们到了常识世界，在这个世界里，一部分事物是联合的，一部分是不联合的。“事物”与它们的“联络”，在实用上有什么意义？在下篇里，我要将实用主义的方法，应用于哲学思想上常识的一阶级。

第五篇
实用主义与常识

在上篇里,我们弃了平常所说宇宙的一性,而趋向宇宙所现各种特殊的联合的研究。我们看见,这各种联合与同样实在的数种分离同存在的。每种联合与每种分离间我们的是:"我被证实到什么限度了?"我们若是良好的实用主义家,我们应趋向经验,趋向事实。

绝对一性仍留在的,不过只可作为一个假设。现在那假设常归并于一个万知的知者,万事万物从他看来没有例外,都成一个单独有系统的事实。但是人对于这知者,还可有两种看法:或看作一个绝对,或是一个最终。这两种知识者的反面也有一个反假设说,知识无论怎样广大,总含有几分愚昧;事实的几点,总可容许遗漏。这样的反假设也可以合法地主张的。

理性上的多元论

这是理性上的多元论(noetic pluralism)的假设,一元论者所认为妄谬的。在事实没有证明它是妄谬以前,我们必须把它和一元论一样地尊重对待:我们的实用主义,起初虽不过是一种方法,却强迫我们对于多元的理解要有友好的态度。世界的部分,或者同别部分不过很宽的被一个接续词"与"联络起来。它们或者可以来去自由,而别部分可以不因之受内部的变换。这个多元的理解——世界是加添的、构成的——是一个理解实用主义经严重审议之后所不能废弃的。但是这个理解引导我们到更深的一层假设,就是实际世界不是永远的完全,如一元论者所坚持,乃是永远的不完全,随时可以增加或损失的。

无论怎样,世界在一点上是不完全的。我们对这问题的辩论,就显出我们的知识在现在是不完全的,是可以加添的。从它所包含的知识上看,世界确正在变换与增长。我们先泛论我们知识怎样去完成它自己,这就可以引导我们到本篇的题目“常识”(common sense)上去。

知识怎样增长

知识是一点一点的增长的。这些点子可大可小,但是知识决不会全部都长成了:有些旧知识总存留在里面。譬如你们关于实用主义的知识,现在是增长的。将来这个增长,也许能大变你们以前所以为真的意见。这个改变是逐渐的。举最近的例,就拿我的讲演来说。你们听我讲演,起初所得的,大概是一小部分的新事实,几个新定义,或区别,或观察点。当这些特殊观念加添上去的时候,其余的知识仍存在不动,逐渐的你将以前的意见和我所灌输的新意见一起排列拢来,略为改变了那知识全部,这改变的度是极小的。

我假定你们听我的讲演,都有信托我的能力的一个先有意见,这先有意见于你们承受我所说的话的态度很有影响。我在讲演中若忽然中辍了,用低音唱起 We won't go home till morning[1] 来了,这件新事实,不但一定要加添到你的知识全部上去,并且要迫你改变对我的信托或对实用主义哲学的意见,总之要迫你重行排列好多的意思。在这种变化中,你的

[1] 直译为“我们不到天亮不回家”。——编校者

精神很疲劳，有时是苦痛的疲劳，一方有旧信仰的压迫，一方有经验所得的新事实的伸张。

我们的知识一点一点的增长，这些点子如油渍的点子一般，是会散布的。但是我们不让它们散布，我们要保留我们的旧知识、旧信仰、旧成见，愈多愈好。我们专事修补旧的，不大肯改换新的。新的浸透了、玷污了旧的，但是它也给所吸收的沾染了。旧的来统觉，来协同，在学问过程每前进一步所达到的新平衡里，新事实绝少生。加添上去的，当是烧熟了或在老的酱里煮过了再放进去。

旧式的思想方法仍存在

这样说，新真理是新经验与旧真理联合的结果，而交互变换的。既然这是今日意见改变的方法，没有理由说历来的意见改变不是一样。从这点推论，可知很古的思想形式，虽经后来人的意见上改变，至今还有存在的。最原始的思想方法，也许还没有完全铲除。像我们的五指、耳骨、尾形附属骨或其他原始留遗的特征，为我们人种历史上磨灭不了的符号。我们的远祖，在一时候或者构成几种思想的法子，自己尽没有知觉，但是一经构成了，那遗产传授至今。你奏一阕音乐，用了一音键，就要用它到底。你有一所建筑，你可以随意翻造，可是第一个建筑师的末层图案不能变——你不能改一个 Gothic 式[1]礼拜堂为一个 Doric 式[2]的庙宇。你洗一个药瓶或酒瓶，你洗了又洗，但总不能完全去掉那最初装的药味或酒味。

有史以前的远祖发现常识的概念

我的论点是，我们关于事物的思想的根本方法，是很远的祖先所寻获，经历了后来时代的经验，而能自己保存的。在人类思想进化中，它们是一个平衡的大阶级，常识的阶级。别的

---

〔1〕 即哥特式。——编校者
〔2〕 即道立式。——编校者

阶级,虽然连续上去,从来没有能排除了它。

在寻常谈话里,一个人的常识是指他好的判断力,指他没有什么怪僻性。在哲学里,常识的意义不是这样。常识是指一种智识的形式或思想的范畴的应用。假如我们是虾是蜂,我们的组织引我们去知觉经验所用的形式,一定和我们现在用的不同。我们今日所不能想象的那种范畴,在思想上用来处理经验,或者和我们实在所用的一样便利(这个我们不能独断的否认的)。

若是这个说来好像矛盾的,请想一想解析几何学。欧几里德(Euclid)用质性上关系去界说同一的图。笛卡尔(Descartes)用它们的点和外加的纵横线上的关系去决定它们的意义,结果是他运用曲线的方法绝对不同,而大有效。我们的概念作用(conceptions),德人称为Denkmittel(思想的用具),意义是我们因了思想事实而处理事实的用具。经验自身来的时候,并没有标志和名称,要我们先去寻出来的。康德(Kant)所谓最初经验,不过是一个Gewühl der Erscheinungen(现象的淆乱),一个Rhapsodie der Wahrnehmungen(知觉的散漫),一个混杂的东西,要我们用心思去把它统一的。我们平常总先构造一个概念系统(system of concepts),在思想上分类了,有秩序了,用智识上方法联络了,然后用这个概念系统作为所受印象(impressions)的一本对账的簿子。每个印象,指定它在这概念系统里一个可能的位置,这印象就"了解"了。这个平行的复本,同着它的各分子的"一对一的关系"的观念,在现代数学及论理学上很便应用,竟将较旧的分类的概念作用渐废止了。这样的概念系统很多,感觉复本也是其中一个。给你的感觉印象,在概念中无论哪里寻出一个"一对一的关系",你就理解了这印象了。各种概念系统,你都能用来理解这些印象,也是很明白的。

旧常识理解它们的法子是用一套概念,最重要的如下: 常识概念的目录

事物;

同或异;

种类;

精神;

躯体;

一时间;

一空间;

主体与属性;

因果的影响;

幻想的;

实在的。

从我们知觉(perceptions)的永远无限的气候(weather)里,这些观念给我们组织一个秩序出来:知觉若各个分看,是不遵什么确定的规程的。"气候"这个字,这里最合用。譬如在波士顿,那气候几没有规则,所有的定律是,你若有了一个气候经两天,第三天大概有别一个气候了。波士顿所有的气候经验是不连续的,混乱的。温度、风、雨、日光,一天可以改变三次。但是华盛顿的气候局,要去知解这个混乱现象,将波士顿气候的每个相续的变化作为更大的变化中之一节。气候局指定每个变化在大陆风系上的地位及时间,在这大陆风系的历史上,各地方的气候变化贯串起来,如珠子贯串在一条绳子上。

幼稚的小孩与下等的动物,对他们的经验一定如没有学问的波士顿人对他们的气候一般。他们不知道时间、空间、永久的主辞与变换的实辞、原因、种类、思想、事物,也如平 它们逐渐的受人应用

常人不懂大陆风系。一个婴儿的小鼓从手中落掉了,这婴儿不去寻觅它的。他想,这玩具走了,如烛光灭了一般;你把这小鼓放在他手里,他看这玩具回来了,也如你再燃那一枝烛,而烛光再现一样。它是一件物,它自身有永久的存在,你可以补插在相续的出现中间,这样观念婴儿显然没有。狗也是一样。不见了,就不想了。他们没有补插事物的趋向。让我引我的同事桑塔亚那(Santayana)先生书里的一段:

> 若一只狗正自足地各处嗅着,看见它好久不见的主人来了。……这可怜的畜生,不问它主人为什么去,为什么又来,为什么自己应该爱主人,为什么自己躺在他的脚傍,又忘了他而想到打猎——这种种都是完全神秘,完全没思量过。这样的经验有变化、有景色、有种活泼的律动。它的故事可用狂歌叙出来。它的行动纯恃灵感,每件事情是天机,每桩动作是意外。绝对自由与绝对孤立无助并在一块,全依赖神助,而那不可测的神力,又与自己生命无从分别。……但在那样纷乱的戏剧中的人物,也有他们的上台与下台,能决定、注意、记忆前后事实次序的存在,仍能逐渐寻出他们的暗号。……这样的了解愈进步,经验中每时间愈有因果,愈可预卜其余的经验。生活中平静的地方充满了能力,奋发的时间充满了计谋。没有情绪能颠倒精神,因情绪的基本是看破的。没有事情能错乱精神,因为精神的眼光是很远的。最坏的境遇可寻方法去逃避的。每个时间,从前不过充满了自己的冒险与惊奇的情绪,现在却容纳过去的教训而推测全部的

计划了。《理性之生命》(*The Life of Reason: Reason in Common Sense*)[1],1905 年出版,第 59 页。

至今科学与哲学,还是很勤苦的要将我们经验中的幻想与实在分出来。在原始时代,它们所有的区别是很初原的。只要思想得最活泼的,人就信仰了,他们将梦幻与实在搅在一起。在这里"思想"与"事物"的范畴最不可缺——我们有几种经验,不说它们是实在,单叫它们是思想。在以前列举的诸范畴中,每个的应用,照这样看来,都有一个历史的起源,而逐渐推广的。

时间与空间

我们大家都信仰每件事都有它的确定时日的一个时间,每样物事都有它的确定地位的一个空间,这些抽象观念,统一世界力很大。但是它们完成的概念,与自然人宽泛的无秩序的时间空间经验怎样不同啊!我们所遇各事物,各有自己的延长性(duration)与伸展性(extension),又含浑的围着一个"更多"的界,直侵入第二事物的延长性与伸展性。不久我们就失掉所有确定的关系,不但小孩于过去全部,搅成一团,分不出前日昨日,就是成年的人,到时间真久了,也是这样。空间关系亦然。在地图上,我能明白看见我所在的地方和伦敦、君士坦丁、北京的关系;在实际上,我完全没有能感觉地图所表示的事实。方向与距离是含浑的、错杂的。宇宙的空间与宇宙的时间不是如康德所谓直觉(intuitions),乃是人为的构造。人类的大多数,永远不用这些观念,他们生存于众多的时间与众多的空间中。这些众多的时间空间交互穿插的,十分杂乱的。

事物

永久的"事物";"一样"的事物同它各种"形相"与"改变";

[1] 今译为《理性的生命——常识的理性》。——编校者

事物不同的“种类”；种类用作“宾辞”，它的事物作“主辞”——这一串的名词指出我们经验最近的流动与可觉的变化怎样从纷乱中分解出来。这样应用这些概念工具来分解的，还不过经验流的最小部分。我们最下的远祖，大概只能含浑用“一样”的观念。就是问他这“一样”是否事物，在不可见的空间历久存在，他也未必回答得出来。他要告诉你，说从来没有遇着这样问题，也从来没有用这样眼光观察。

种类

种类、种类的同一——都是分解众多的最有用的denkmittel（思想之具）。众多或者可以为绝对的。经验或者可以纯是单独事项，没有一项复现两次的。但是在这样世界里，论理学将无从应用，因为种类与种类的同一是论理学唯一的工具。只要我们已经知道一件事物属一种类的，也属于那种类的种类，我们就有了利器，可以环游宇宙了。下等动物不能用这样抽象的观念，文明的人用它们的程度也各不同。

原因与定律

因果的影响——这也是一个远古的概念。因为我们看原始的人差不多想每个事物是重要的，能发生一种影响的。追究无论什么疾病、灾害或意外事变里“谁或什么是负责的”，乃是寻求更确定的影响的开始。因果影响的寻求，从这中心点发展出去。休谟与科学都试要完全排除“影响”观念，而以“定律”观念代它。但是定律是比较的一个新发明，在常识的旧领域内，影响仍是最高的主宰。

“可能的”——比实在少些，比完全不实在多些——又是常识的有力观念之一。你尽可批评它们，它们依然存在。我们只要批评的压力一轻，也就飞奔的回向它们。“自己”、“体”——在实质的或玄学的意义上——没有人能逃避这些思想形式的束缚。在实用上，常识的概念一致胜利的。一个人，无论怎样有学问，总依着常识的方法，想一“物事”是一个永久的单位主体,支持着许多交换的属性,没有人诚实地用更批评的观念,以为是一群感觉性质为一个定律联合起来的。我们用常识范畴去构成我们的计划,联络我们经验的较远部分与较近部分。我们以后所得的更批评的哲学,比起这自然的思想来,反不过是幻想了。

这样看来,在我们事物的了解上,常识是完全一个确定的阶段,是一个阶段,非常能满足我们思想目的的。事物是存在的,就是不看见它们的时候也存在。它们的种类是存在的。它们的性质——它们因而动作,我们因而运用它们的——也存在的。这些灯将它光的性质射在这屋子里各物体上。当我们拿一个不透明的幕遮住了,我们阻隔了它们放射的途径。我嘴唇里的声音,直达到你们的耳朵里。火的热,传到我们煮鸡蛋的沸水中,我们能将一块冰放在内,将热变成冷。非欧洲的人种,没有例外,至今还在这个哲学思想上常识阶段。生活底实用目的所必需的,不过这常识,就是我们人种里,除了最高思辨的人,如贝克莱所谓中了学问的毒的人,常人都从来对于常识是绝对真的一层,不怀疑的。

常识是思想进化的一阶级,有奇才发明的

我们试想一想,常识范畴怎样得到它们的无上权力,我们就知道它们的胜利,或者与后来德谟克利特(Democritus)、贝克莱、达尔文等所倡导的概念得到胜利有同样的历程。在无史时代,它们一定也经奇才发现出来。这些非常人的姓氏,给荒渺的年代湮没了,这些常识范畴,也许经当时人所经验的最近事实证实的,然后从这事实传播到那事实,从这人传播到那人,直到一切语言,也都根据它们,我们至今也不能更用别的名词来思想。我这个见解,不过照平常规则,假定大的远的,遵着我们所观察的近的小的构成的定律。

在一般功利的目的上,这些概念很够应用了。但是它们今日应用上暧昧的限制,证明它们是起源于发明的特殊各点,然后渐渐从一物事传播到他物事的。我们假定一个客观的、平均迁流的时间是为了特殊的用处,但我们并不活泼泼地信仰它,或认实它。空间的观念,没有这样含浑。但"物"到底是什么呢?一系星宿是一物吗?一个军队是物吗?或理性的存在,如空间,如正义,是一物吗?再说"同一",一把刀换了一个柄和一个刀口,还是同一吗?再说"种类",洛克所严重论究的changeling[1]是属于人的种类吗?再说"事实","精神感通"(telepathy)是幻想还是事实呢?只要这些范畴一过了实用(一种应用特别事项的情形所指示的),到了好奇的思辨的思想方法,你就觉得要说出它们每个所应用的事实的限制是不可能了。

希腊亚里士多德派的哲学,服从唯理的倾向,用学术的与明晰的方法,要将这些常识范畴化成永远。例如一个物,是一存在或ens[2]。一个ens是一主位,是性质所附合在内的。一个主位,是一个本体。本体是有种类的,种类有确定的数目而有差别的。这些区别是基本的、永远的。作为推论中的名词,它们实在非常有用,但除了指导我们的推论到有益的争点上去以外,还有什么意义,就看不出来了。你如问一个烦琐哲学者,本体自身是什么,除了是属性所附托的以外是什么,他们不过说你的智慧,自会完全知道这字的意义的。

批评性的思想阶级:(一)科学、(二)哲学

但是智慧所明白知道的,不过是这字自身同它的指导机能。好奇的智慧,问到这里,就舍了思想上常识的阶级,而达到批评的阶级。不但这些智慧如休谟、贝克莱、黑格尔,就是实际事实的观察者,如伽利略(Galileo)、道尔顿(Dalton)、法拉第

[1] 今译为"丑孩子"。——编校者
[2] 今译为"抽象的存在"。——编校者

(Faraday)一派的人,也觉不能将常识的朴素的感觉境界作为最后的实在。常识将平常有恒的“事物”置于断续的感觉之间,科学将它的原始性质,即原子、以太、磁场等等的世界,置于常识世界以外。“物”现在是不可见不可觉的物。旧的常识可见的物,假定为这些不可见的物杂糅所得之结果。否则所有物的朴素概念,完全废去,一个物的名词,不过表示我们感觉习惯所循着连续或同时存在的定律。

科学与批评的哲学,这样尽撤了常识的藩篱。有了科学,朴素的实在论不能存在。第二性质成为不实在,只有原始性质存留了。有了批评的哲学,各物都破坏了。常识范畴一概不能代表存在,它们不过是人类思想上伟大的玩意儿,我们在感觉流中逃避迷惑的法子。

批评的思想中科学的倾向,虽不过是智识的动机所感悟,却开展出无限意外的实际利益来。伽利略给我们精确的时计同精确的炮术练习;化学者给我们很多的新药品新染料;安培(Ampère)同法拉第赐给我们纽约地底电车和马可尼电报。

这样人所发明的假设的物事,照他们的定义,竟显出非常丰富,而可用感觉证实的结果来。我们的论理学,能从它们演绎出一个结果所需的条件,我们有了这些条件,那结果便在我们眼前。依科学的思想方法,所得的实用上统驭自然界的能力,其范围远过于旧时常识所得的统驭力的范围了。它的增加率又这样速,没有人能指出它的限制;有人恐怕人的权力,或竟致毁坏他自己的存在,他的智识给他增多的创造机能,而他机体的固定性质,或不能受这么无限的奋力。他也许淹毙在他的富藏里,像一个小孩子,开了水管,却关不上来,溺死在浴盆里一般。

批评的哲学阶级,在它的否定方面,比科学的阶级,彻底得多，然没有给我们新的实用能力。洛克、休谟、贝克莱、康德、黑格尔，讲到自然界事实的发明，都绝端贫瘠的。我想不到什么发明或创造，可直接溯源于他们特殊的思想，贝克莱的柏油水，康德的星雾说，都与他们各人的哲学主义，绝无关系。信从他们的人，所得的满足，是智识的，不是实际的；况且我们还须承认，信从者中间，也有人不能得到那智识上的满足的。

据上说，在我们生活的世界里，思想上至少有三个各具特征的阶级——常识的、科学的、哲学的——每阶级里的观念，各有一种优点。要绝对说，这一阶级比那一阶级更真些，却是不可能的。常识是巩固些，因为它占的时代最早，将所有语言，都罗入它的友邦里。它同科学比，哪个更庄严些，须各人自己评判。但是巩固与庄严都不是真理的决定符号。若常识是真的，为什么科学要把我们世界所有活的兴味所由来的第二性质加上一个假的印号，却发明一个无形的点和曲线和数学程式的世界来替代它？为什么它要将原因和活动变成机能变化的定律？烦琐哲学——常识的有学术训练的小妹——要将人类已有的思想形式化成固定的、永久的，只是劳而无功。实际形式（我们的第二性质）的生命，没有延到1600年。当时人早已厌弃它们了；后来伽利略与笛卡尔的新哲学，给它们正式"送终"罢了。

但若新科学的物事是真的，原子和以太的世界是真的，为什么在科学自身范围以内惹起这么许多批评？科学的论理家到处说，这些东西和它们的限定，无论怎样确定概想，不应照字面解释。只可说，它们好像存在的；但实在它们如纵横线或对数，不过引导我们从经验流的一部到他部的捷径。我们能计算它们，很有结果的。它们很好地服侍我们，但是我们决不可给它们欺骗了。

不能说哪一个阶级更真些

我们比较这几种思想，不能达到一个结论，说哪一种是绝对更真的。它们的自然，它们智识上的经济，它们实用上的有结果,这些都拿来做它们真底试验,所以我们弄得糊涂了。在一种生活范围里,常识是好一点;在第二种生活范围里,科学是好一点;在第三种生活范围里,哲学的批评是好一点。若说是绝对真些与否,只有天知道了。

我看现在有一种趋势,要回复到用常识观察自然界的方法。马赫、奥斯特瓦尔德、杜恒一流人所倡的科学的哲学,都表示这个趋势。依这些讲师说,在实在的摹本意义上,没有一个假设,能比他个假设真些。假设不过是我们的说法,应单从应用上比较。真的物,只有"实在";而我们所知道的实在,只有可感觉的实在(sensible reality),就是我们感觉和情绪所成的流。照奥斯特瓦尔德说,这些呈现的感觉(如动、热、磁力、光等等),拿一定的方法去量起来,可给它们一个集合名词,叫"力"。我们能量它们,就能用最简单最有效果的公式去描写它们相互的关系。这些公式,是思想经济的大胜利。

没有人不羡慕这力的哲学的简单。但是超越感觉的单体、原子和震动等观念,依然受多数物理学者与化学者的承认。力的哲学好像是太经济,所以不完全。"实在"的特性,也许是繁,不是简。

这里论究的材料,含有最高学术的性质,于普通讲演,恐不相宜,即我自己的学问,要来处理这些问题,也恐不够。不过我的结论,倒更好达到。真理的全部观念——我们自然的,不假思索的说,真理是我们的心,从现成的实在所得简单的复本——是不容易明白了解的。思想的各种,同要求包有真理,我们一时没有简单试验,可评判它们。常识,普通科学或原子的哲学,超越批评的科学,或力的哲学,同批评的或唯心的哲学,看来都是不充分真的,都有一点不满足。这些绝对不同的系统之冲突,显然迫令我去仔细检查那真理的一个观念,因为对于这字,我们现在没有确定的观念。这一层功夫,我留着到下一篇里做,这一篇我只要加几句话就完了。

在这一篇里,只有两点,我愿你们记好的。第一点关于常识。我们已经看见有理由去疑惑它,常识的范畴,尽管这样尊严,尽管有普遍的应用,而组入语言的构造里,我们有理由去疑惑它们。这些范畴,也许到底不过是一堆非常胜利的假设(在历史上,也是个人发现的,但是逐渐的各人传播应用了)。我们的祖先,从荒远的时代,一经用来统一整理他们直接经验的不连续,用来将自己与自然界的表面,置于一个平衡上。他们在实用上这样胜利,若没有德谟克利特、阿基米德(Archimedes)、伽利略、贝克莱这些人卓越的智识活泼,和他们所唤起的其他怪异的奇才,这常识的范畴,或竟终古不变。我请求你们,对于常识的怀疑,要牢记着。

还有一点,我们所述各种思想的存在,在一种用处里,各有各的优点,然仍是彼此冲突,没有一种能当得起绝对的真——这事实该唤起我一个预先假定,就是:我们的理论,是工具的,是适应实在底精神的程式,不是神圣创造的宇宙谜的启示或直觉的答语。这样一个假定,很有利于实用主义的见解。我在第二篇里,已将这见解说明白了。实际上理论的情形底纷扰,每个思想阶级在一种用途上的价值,彼此决绝排斥底不可能,都引起这实用主义的见解,这见解我希望在下篇里说得完全可信。真理中到底有没有一可能的暧昧吗?

第六篇

实用主义的真理概念

辩论的情形

传记上说,当克拉克·马克斯威尔(Clerk Maxwell)幼稚时候,有一个狂癖,要人家把各事物解释给他听,若是人家拿含糊的话敷衍他,他就要很不耐烦地阻他说:“是了,但是我要你告诉我它的特别用处(particular go of it)。”如若他问的是关于真理,只有实用主义家能告诉他那特别的用处。我信现代实用主义家——席勒与杜威更甚——已给我们这问题的唯一可成立的解释。这本是一个很棘手的问题,它的蕴奥,伸入各种微隙里,用通俗讲演的简短方法,不易说明。但是席勒、杜威的真理观,受了唯理派哲学者这般痛击,这般误解,我在这里不得不作一明白简单的陈述。

我很盼望看实用主义的真理观经历一个理论在习惯上所必经过的阶级。第一,凡一个新理论出来,总是受人攻击,说是谬妄的。到后来人家承认它是真了,但是以为它是显著的,不重要的。最后人家看它实在重要,它的仇敌,反来要求说是他们所发明的。我们的真理论,现方在这三阶级底第一个里,在许多地方,显出些第二阶级的迹象来。我情愿这篇讲演能帮助它在你们多数人的眼光里超过第一阶级。

什么叫做同实在相符

无论什么字典告诉你,“真”是我们观念的一个性质。它的意义是“与实在相符合”,假的意义是和实在不相符合。实用主义家和唯智主义家自然同承认这条定义。但是要问到“符合”是什么意义,我们观念所与符合的“实在”又是什么意义,他们的争论就起了。

答这几个问,实用主义家是比较的分析些,勉力些,唯智主义家要直捷些,不思索些。普通人的意思是:一个真观念,一定是实在的摹本。像别的普通见解,也从最常有的经验里起的直譬。我们于可感觉的物事所起的真观念,确是它们的摹本。如墙上的钟,你们闭了眼睛,可以想象钟面的一幅真图画或摹本。但是你们心里钟的动作的观念,除非你自己是制钟的人,就远不够做个摹本了,然仍叫它摹本,因为它和实在并没有什么抵触。就是这观念缩小到单是“动作”一个名词,这名词还是真受用的。再说到钟的计时功用,它的发条的弹性,就更难看出你的观念所摹的是什么了。

你看这里有一个问题。我们观念,在不能临摹确定对象的时候,同那对象的符合,有什么意义?唯心论者要说,那些观念是真的,只要它们是上帝的意思,要我们这样想到那对象的。别的人仍守着摹本说,以为我们观念所有的真,和它们接近绝对的永远思想方法的摹本,成个比例。

这些见解,引起实用主义的讨论。那唯智派的大假设是:“真”的意义,是一个惰性的、静止的关系。当你得到了不论什么事物的真观念,就完事了。你占有了;你知道了;你已满足了你思想的鹄的。在思想上,你已到了你所应在的地方;你已服从了你的范畴的命令;从这理性鹄的的最高点,没有什么再要连续下去。在认识论上,你在定止的平衡里。

在那一边,实用主义照常问道:“假定一个观念或信仰是真的，在实际生活上便有什么具体的差别？这真理怎样可以实现？若这信仰是假的，有什么不同的经验发生？总之，在经验方面，什么是真理的兑现价值？”

同实在相符合的意义就是可证实性

实用主义一提起这问题，就看见了它的答案：凡真观念都是我们所能消化的、考验的、查明的、证实的；凡假观念都是我们所不能如此的。这是我们有了真观念所生实用的差别，所以这就是“真”的意义。

这是我所要辩护的主题。一个观念的真，不是附在内的一个定止的性质。一个观念遇着真，它成为真，事实使它真。它的真，是一件事情，一个过程，就是证实自己的过程。它的真确，就是考验自己为真确的过程。

可证实性的意义就是能在经验上顺利的引导我们

但是在实用主义上，“证实”与“考验”又有什么意义呢？它们表示所证实和考验的观念的实用效果。要说明这些效果，很难找出比平常“符合”公式更好些的一个习语——当我们说，我们的观念和实在符合，我们心里就想着这些效果。它们引导我们，由行为和它们唤起的其他观念，达到或趋向经验的别部分——这经验的别部分，我们一经感觉，仍和原来的观念符合的。联络与过渡，是从一点到一点的、进步的、谐合的、满意的。这个适合的引导功用，就是我们所谓一个观念的证实作用。以上说的是模糊的，平常的，但是它有极大的结果，我须将这点钟所余的时间，专来解释这一点。

我先要提起一个事实，凡人有了真的思想，就是有了无价的动作工具。我们去寻求真理的职分，不是天赋的，不是智识要求的，实有很好的实用的理由。

人类生活必需真信仰的重要，是最显著的事实了。我们生在众多实在的一个世界里，这众多的实在，可以给我们无限的用处，也可以予我们无穷的损害。能告诉我们或利或害的观念,在最初的证实范围里,就算是真的观念,依着这样观念去实行,是一个最先的职分。真理的占有,远非一个鹄的,不过是趋向其他生活上满足的预备方法。譬如我走到一个大森林里,迷了路,饿了好多时,忽然看见地上有几个牛蹄的印子,就想到若跟着牛蹄印子走到尽头,一定可寻到有人烟的地方。这观念是很重要的,因为我若照这样做,就能出险了。这里真的思想是有用的,因为它的对象——人家的房子——是有用的。这样看,真观念的实用价值,根本上从它们对象的实用的重要得来。它们的对象,自然也不是无论什么时候都重要。譬如我在别时候就用不着人家的房子;我对于房子的观念,不论怎样可证实,在实用上是不适合的,还是潜伏了。不过无论何物(对象),都有时变成重要,所以预先存储若干额外的真理,留为对付可能的情境的用处,也很便利的。这样额外的真理,我们都存在记忆里,我们的参考书籍,也充满了它们。只要紧急时候来了,这额外的真理适合实用,它就离了储藏的堆栈,到世界里来动作,我们对它的信仰,也变成活动了。你可以说"它是真的,因为它是有用的"。你也可以说"它是有用的,因为它是真的"。两句话的意义,恰是一样,就是:这里有一个观念,实现了,能证实了。"真"是一个观念开始它证实作用的名词,"有用"是它在经验里已经完成功用的名词。除非自始便是有用的,真观念决不会挑选出来作为真观念,也不会得到一个类名,更不会有一个名词,含有价值的意义。

从这简单的指示,实用主义得到它真理的普通观念:真理是一种法子,把我们经验里的一时间,引导我们到他时间而有价值。从根本上说,并从常识阶级上说,一个观念的真,意思就是它有有价值的一个引导功用。在我们经验里一个时间能感动我们而起一个真思想,意思就是迟早我们总要靠那思想的指导，而重投入经验的各项，同它们发生有利的联络。这也是一句含浑的话，但是我请你们记好，因为这是重要的。

我们的经验，彻底地含着规则、秩序。一项经验，能警告我们准备着他项，能通知我们较远对象的意义。这对象的出现，是那意义的证实。这样的真理，不过是终究证实的意义，同我们方面的违逆不相容的。一个人的信仰，不同他经验中实在所依着的秩序相平行，这人没希望了；因为他的信仰，不引导他到什么地方，或者发生假的关系。

这里所说"实在"或"对象"，指可感觉的常识事物或常识关系，如日期、地点、距离、种类、活动。跟着牛蹄印子所起的房子影像，我们居然走到了而能看见人家住的房子，我们得了那影像的完全证实。**这样简单和完全证实的引导，自然是真理过程的初型或原本。**经验确给我们别种真理过程，但是它们都可概想为这种证实作用之受阻碍的、繁复的或替代的。

譬如拿那边墙上的物做个例。虽然我们没有看见里面的动作，我们当它是一个钟。我们不去证实，就算那观念是真了。如若真理完全是证实作用，这样未证实的真理，不好说是流产的吗？那却不是，这样未证实的真理，构成我们靠着生活的真理之大多数。间接的证实和直接的一般有效。参考事实的证据够了，就没有目击的见证也不妨。我们没有到过日本，却假定日本的存在。因为这假定能应用的，各种事物都适合这信念，没有什么事物阻碍这信念，我们就让这信念成立了。我们假定墙上的物是一个钟，也是如此。我们当它一个钟来应用，拿它来规定我们讲演的长短。只要它不引导我们遇着障碍或矛盾，这假定也就算证实了。钟的发条、齿轮和悬摆的可证实性，与证实作用有一样的效力。在我们生活里，有一个完备的真理过程，就有千万个真理，在这样产生状态中显它们的功用。它们教我们趋向直接的证实，引导我们入它们所表现对象(事物)的环境。若各样都进行得妥贴适合，我们也就确信，即使节省了证实手续，那证实是可能的，后来的事实，又常证明我们这样态度是正当的。

完备的证实难得需要的

在事实上，真理大半存在于一种信托制度上。我们的思想与信念，只要没有什么反抗它们，总可“通过”，好像银行钞票，只要没人不收受，总可流通的。不过总有地方仍可直接证实；若竟没有地方可直接证实，那真理基础就破裂了，如财政系统没有准备现金而破裂一般。你接受我一件事的证实，我接受你别一事的证实。我们彼此在真理上交易。但是曾有人具体地证实的信念，是全部结构的砥柱。

在生活的寻常事务里，我们废除完备的证实手续——除时间底经济以外——还有一大原因，就是一切事物，都不是单独地存在，而归着种类地存在。我们的世界，永有那一个特性。我们只要一度直接证实关于一类里一标本的观念，我们就可以不须实证而但将这观念适用于同类的他标本。一个思想，惯常看着事物的种类，即刻依着种类的定律去动作，却不停住了去求证实，这样思想，在一百个紧急时间，有九十九个里，是真的，它的行为适合所遇的各事物，而不受否认，就是证明了。

这么说来，间接的或可能的证实，同完全的证实是一样真的。它们都像真的方法一般适用，给我们一般的利益，有一般的理由，要求我们的承认。以上所说，都是在常识上的事实。

永久的真理

但是我们交易的事物，不止是常识的事实。纯粹的观念间之关系，也是一个范围，可以有真的或假的信念的。在这里，信念是绝对的，或无条件的。它们若是真的，就称为定义或原则。如一与一为二，二与一成三，余类推；白色与灰色的差别，比白色与黑色的差别为小；原因开始动作，结果也同时开始。这些都是定义或原则。这样命题,凡各种可能的“一”、“白色”、“灰色”、“原因”都可适用。这里的对象是心的对象。它们的关系,在知觉上很明了,用不着感觉证实。而且一度真了,同样的心的对象即永远真。这里的真,有一个“永久的”(eternal)性格。你在无论什么地方,有一个具体物是“一”或“白色”或“灰色”或“效果”,上述的原则,可以永远适用。这不过是先决定了种类,然后用种类的原则,应用到特别对象上去的一例。你只须能正确说出它的种类,你就得了真理,因为你的心的关系,于那种类中各物,没有例外,都适用的。你如若没有具体的得到真理,你就要说,你的实在对象的分类定差了。

在心的关系的界域内,真理也是一个引导作用。我们把一个抽象观念,和他个抽象观念联络起来,最后构成论理的和数学的真理系统,凡经验中可感觉的事实,都照这系统内各名词排列起来,使我们永久的真理,也可以适用于众多的实在。这个事实与理想的联婚,是富于无限的生产力的。如我们把对象分类得正确,我们所说的,在特殊的证实以前就真了。各种可能的对象之已成理想的结构,跟着我们思想的结构。我们对于这些抽象的关系,不能反复无常,和我们对于感觉经验不能反复无常一样。它们迫压我们,我们喜欢或不喜欢它们的结果,总得一贯地待遇它们。加法的规则,适用于我们的债务,同适用于我们的债权,一般地严厉。π的百位小数,圆周与直径的比例,虽然没有人算过,是在理想上预定了。我们若处理一个圆周,用得着那数目时,我们只须正确地写下,照寻常的规则计算。因为这是同样真理,在别处这些规则都适用的。

我们的心,压紧在感觉界的迫压和理想界的迫压中间。

我们的观念，必须同实在符合，无论这样实在，是具体的或抽象的，是事实或原理，观念同实在一不符合，无穷矛盾和障碍的惩罚就立至了。

以上所说，唯智主义家不能有什么抗辩。他们只能说，我们只接触这问题的表面罢了。

“实在”的意义，这样说来，或是具体事实，或是抽象事物的种类，和它们直觉的关系。它们的意义，也是我们已有的其他真理的全部，为我们新观念所不能不重视的。若用流行的定义来说，真理同这三层的实在相符合，又是什么意义呢？

这里实效主义与唯智主义分手了。最初的意义、符合原是临摹，但是我们已说过，一个钟的观念，“钟”字就够了，并没有它动作的心象。有许多实在，我们的观念，只是它们的符号，不是摹本。“过去时间”、“力”、“自然”，这些实在，我们的观念怎样能临摹呢？

在最广义上，同实在“符合”的意义，只可说是被引导而直达实在或到它的四围，或同它有运用上的接触，而可以处理它或它的连带物，比我们同实在不符合更好些。在智识上或实用上更好些。常时符合的意义，不过是消极的；就是从那实在的所在，不发生什么来阻碍我们观念的引导。临摹一个实在，是同实在符合最重要的一方法，但并非主要的方法。主要的事，是被引导的作用。无论什么观念，能帮助我们在实用上或智识上对付实在或它的连带物的，不阻挠我们进行的，使我们的生活适合实在的全部配置的，这观念是能满足符合的条件。这观念适用于那实在，是真的。

这么说，名词如确定的心象，一般地可真可假。它们引起同样的证实作用，而引导到完全相等的实用的结果。

凡人类的思想，都会纷歧。我们彼此交换观念，我们彼此借贷证实方法，从社交上得到观念的证实。一切真理，这样在语言上建设起来，储藏起来，给各人的应用。所以我们必须一贯地说话，如我们一贯地思想一般。因为在言语和思想里，我们都对付种类。名词是人为的、独断的，但是一度商定了，不能再改。我们不可一时叫 Abel[1] 作 Cain[2]，一时又叫 Cain 作 Abel。若我们这样，那全部《创世纪》[3]同所有它和语言事实的宇宙的关系，自始至今，都解体了。我们屏弃自己于那语言事实的全系统所包含的真理以外了。

我们真观念中最大多数，都不容直接的证实方法——如历史底观念，Cain 和 Abel 底观念。时间的流，只能在语言上覆案，或用过去事物的现在延长或效验来间接证实。如若过去事实和这些言语或效验符合的，我们能知道我们对于过去的观念是真的。过去时间是真的，所以凯撒(Julius Caesar)是真的，洪水泛滥前的怪兽，各在它们的日期和位置，也是真的。过去时间的自身，有它同现在各事物联合的证据。现在是真了，过去也是真的。

这样说来，符合的主要事情就是引导——这引导是有用的，因为它所引到的地方，含有重要的事物。真观念引导我们到有用的语言和概念的地方，也引导我们直接到有用的感觉境界。它们引导到一贯、稳固和迁流的人类交际。它们引导我们远离怪僻、隔离和顽钝的思想。引导作用，若不受桎梏地流动，若不遇抵触和矛盾，就作为它间接的证实。但是“各路都引到罗马”，各真观念，终究要引导到一地方，有直接证实的

[1] 今译为亚伯。——编校者
[2] 今译为该隐。——编校者
[3] 即 *Genesis*。——编校者

感觉经验。

实用主义家解释“符合”的宽泛方法是这样。他从实用上着想。他让这名词，包括所有从现在的观念到将来的境界的传导，只要这传导是能顺利地前进的。惟其这样，所以超越常识的科学观念，可以说是和实在符合。这里的实在，虽像是以太、原子或电子构成的，但是我们不能这样刻板地想。“力”的一个名词，本不能代表“客观的”事物。它不过是量度现象的表面，贯串它们的变换在一个简单的公式上的一方法。

在这些人为公式的选择中，我们不能任意反复，和在常识的实用上不能任意反复一样。我们必须找一个可运用的理论，那就很难了，因为我们的理论，必须调和以前所有的真理同新经验。它必须不扰乱常识与以前的信仰，又必须引导到可感觉的境界，确能证实的。所谓“运用”指这两项而言。这中间迫压得很紧，没有空泛假设的余地。我们的理论，受很大的压力和管束。有时两个理论的公式，都和我们所知道的真理一样地适合，我们选择起来，就全恃主观的理由。我们选择已经偏袒的一种。我们拿“美雅”或“经济”做标准。克拉克·马克斯威尔曾说过，有两个一样证实的概念，而去选那更复杂的一个，是“不好的科学的嗜好”。这话多数人都同意的。科学中真理，给我们最高限度的满意，但是同以前的真理和新事实的一贯，终是最有力的要求。

我已经引导你们经过了一片沙漠，但是现在快到有趣味的地点了。在这里唯理派的批评家对我们开始攻击，我们要回答他们，就要离了这许多沉闷的讨论，去概观一个哲学上最重大的区别。

我们的真理观，是多元的真理观，真理是引导作用，在事物里实现，有一个共同性质，就是有价值的。它们有价值，因为能引导我们达到一个系统的部分，这系统在无数交点，深根于感觉的事物。这感觉的事物，思想上或可临摹，或不可临摹，无论怎样，我们和它们有个关系，泛称证实作用。我们所谓真理，不过证实作用的一个集合名词，如健康、富足、膂力等，都是和人生相关的各种作用，我们求它们，因为值得求它们的。真理如健康、富足、膂力等，都是我们在经验里造成的。

真理好像健康、富足等是一个善

这里唯理论就要起来反抗我们，说："真理决非造成的，是绝对地取得的，是一种唯一的关系，不待什么证明，超出经验之上，而能符合实在的。我们信那墙上的物是一个钟，即使全部世界史上没有人证实它，这信念已是真的了。无论什么思想，有那超绝的关系的，不管有证实方法没有，总是真的。你们实用主义家，将真理置在证实作用里，是先后倒置了。证实作用，不过是真理的符号，是我们观念中的事实，已有了那奇异的性质（真），然后再去探索决定的跛形方法。这性质（真）自身，是无时间的，和各本体、各自然性一样。我们思想，直接地分享真理，也和它分担假伪和不适合一般。真理不能分析到实用的效验里去。"

这唯理论的痛驳，所以似乎有理的原因，我们早提过了。就是，在我们世界里，事物都归入同样的种类，有同样的联络，一次证实，可适用于一类的各项。我们要知道事物，不单为能引导到这些事物，却为了这些事物所联带的事物，更为了人关于它们的谈论。在实用主义上，经验以前所得真的性质，只有这意义，就是：在这世界里，有无数观念，不必要直接的或实际的证实，只须有间接的或可能的证实，反而应用得好些。经验以前的真理，只有可证实性的一意义；否则即是唯理论者常用的术，将一个具体现象的实在的名词，当作一个独立的先存在的本体，拿这名词放在实在之后，作为它的解释。马赫教授

引莱辛(Lessing)的诗:

汉辛对他哥哥弗里茨说:
"我的哥哥弗里茨——
这世上最有钱的是最富的人,
你知道到底是怎么一回事?"

汉辛把"富"当作所以为富的事实以外的一个原素,所以错了。他以为富的存在在先,一个人有财的事实,不过偶同富人的本性符合罢了。

这里的错误,大家看得出的。我们知道富足不是人性上的优点,只有洛克菲勒(Rockefeller)和卡耐基(Carnegie)有,我们便没有。这也不过是一个名词,表示一种人生中所参加的具体过程。

健康也一样,存在于经验里。虽然我们的倾向,总想健康是一个原素,说人家消化和睡眠得好,因为他是健康的。其实健康也不过是良好的消化、循环、睡眠等作用的一个名词。

膂力更容易误作为原素了。我们当它是人所前有的优点,以为许多肌肉的本领,都从这个原素得来的。

讲到真理,多数人更完全将唯理派的观念作为自然明白的。实在这些末了有个 th 的字(如 wealth, health, strength, truth)[1]都相同的。它们都不能在经验以前存在的。

烦琐哲学者,跟了亚里士多德,把习惯与行为,分别得很严。在行为上,健康的意义,包括良好的睡眠和消化。但是一个健康的人,不必常在那里睡眠和消化,犹如一个富人,不必常

〔1〕 译为富裕、健康、强壮、真理。——编校者

在那里经手金钱，一个有力的人，不必常在那里举引重量。在他们活动的休止间，这些性质潜伏了成为习惯。真理也是这样。在我们观念和信仰的证实活动休止间，真理成了它们的习惯。不过那些活动，仍是全部的根本，休止间有习惯存在的条件。

真理是适宜的思想

简单说，“真的”不过是适宜的思想，好像“正当的”不过是适宜的行为。各样的适宜，长久期间和全部的适宜。眼前经验所适宜的，未必能满足以后的各经验。我们知道经验能溢出旧限制，而使我们改变现在的公式的。

“绝对的”真——意思没有后来的经验可以改变的——是一个理想的合点，向着它，我们想象一切暂时的真理，有时会辏合的。这是一个理想，和完全有智慧的人绝对完成的经验是理想相同。若它们可以实现，要同时实现的。在那绝对的真理未实现以前，我们只好依着今日所能得的真理去生活，预备着明日叫它假伪而抛弃了。托勒密(Ptolemy)的天文学、欧几里德的空间、亚里士多德的论理、中古烦琐学派的玄学，都曾适宜过几世纪，但是人类经验早溢出了它们的限制，我们现在只说它们是比较的真，或在一种经验范围内是真的，若从绝对上说，它们是假的。因为它们的限制，是偶然的，过去的理论家，就可以有人超越它们，像现代思想家的超越它们一般。

过去

当新经验引导到回顾的判断时，这些判断所说的，虽没有过去的思想家曾经达到，也是真的。一个丹麦思想家说过，我们向前生活，向后了解。现在发明了过去世界的许多过程。这些过程，在局中人看，或者是真理过程。在知道后来历史所显示的人看来，它们就不是了。

一个潜伏的更好的真理，有一天可以绝对的建设的——这样的一个真理观念，像其他实用主义的观念，趋向着事实的具体性,趋向着将来。绝对的真理,和部分的真理一样,也须造成的,须在一团证实经验的生长中,偶然造成一个关系。

真理生长

我已注重一事实,就是说,真理大半从以前所有的真理造成的。人的信仰,是许多贮蓄的经验。但是信仰自身是世界经验全部的一分,因此更成为以后贮蓄系统中的材料。若实在是指可经验的实在而言,那么实在和人所得关于实在的真理,是永远在变化中——也许是向着确定鹄的而变化——但仍是不住的变化。

数学者能用两个变数来解决问题。照牛顿的理论,速率增加依距离的比而变,距离也同速率增加相比的变,是一个例。在真理过程中,事实独立地来暂时决定我们的信仰。这些信仰,发生我们的行为;但是在行为时,又指出或唤起新事实来重新决定这信仰。所以真理这样滚起来,那完全的绳和球,是两重影响的产物。真理从事实中发现,但仍向前投入事实中,加增事实;新事实再创造或宣示新真理出来,如此循环不息。事实自身在这时并非"真的",它们不过存在。"真"是信仰的作用,起于事实,也终于事实。

这真理的两个分子交互决定,好像一个雪球的长大,一面因为雪的分布,一面因为小孩子们接续的抛击。

唯理主义者的驳论

唯理主义者与实用主义者的最紧急的分别,现在完全可见了。经验是在变化中,我们对于真理的心理上决定,也是在变化中——这是唯理主义容认的。但是实在自身或真理自身是变化的,它就永远不承认了。它所坚持的是,真理从无量时间就是完全的、现成的,我们观念同它的符合,是我们观念的唯一的、不可分析的德性。这样的真理,是内容的优点,和我们的经验不相干。它不增加什么到经验上去。它同实在也没有关系。它是附加的、惰性的、静止的,它不过是一个反影。它并不存在，只可保留或取得。它不属于事实或事实关系，它属于知识论的一方面——他们拿出"唯理主义"的大字来，讨论就终止了。

实用主义向前望着将来，唯理主义恰向后望着过去的无量时间。唯理主义牢不可破的习惯，是归束到原则，只要举出一个抽象作用的名词来，便什么都有神秘的解决。

这两种主义在真理观上的根本差别，怎样含有生活效果上重大意义，须到下面数篇里才得明白。我在结束这篇前，只要说一说唯理主义的崇高伟大，无补于它的空虚。

你若问唯理主义者，请他不要单说实用主义轻蔑了真理观，教他自己去下一个界说，表示他们的确定主张，你可得这两个答复：

对于这驳论的答复

一、"真理是命题的系统，对于我们无条件的要求，使承认为可靠的。"A. E. Taylor〔1〕的话，见 *Philosophical Review*〔2〕，第19卷，第288页。

二、真理是一种判断的名词，这种判断，我们有成立它的责任的。H. Rickert〔3〕：*Der Gegenstand der Erkenntniss*〔4〕.

这样界说，我们一看就知道是非常空泛的。它们自然是绝对真的，但除非你能从实用上处理它们，全无意义。这里所谓"要求"，是什么意义？所谓"责任"，是什么意义？若这些名词，总括为什么真的思想于人最适宜、最善的具体理由，那么在实在方面，应受符合，我们说是"要求"，在我们方面，应去符合，我们说是"责任"，都不差的。我们就因为这些理由，感觉这要求和责任。

〔1〕今译为泰勒。——编校者
〔2〕今译为《哲学评论》。——编校者
〔3〕今译为李凯尔特。——编校者
〔4〕今译为《认识的对象》。——编校者

但是唯理主义者讲起要求和责任，明白说他们和我们实用上利益或人的理由，没有关系。我们符合的理由，他们以为是心理的事实，和每个思想者同他生活的事情有关系。这些理由，不过是思想者的证据，并非真理生活自身的部分。那真理的生活，全在论理的或知识的——不是心理的——方向上，它的要求，比一切个人的动机都先存在。虽然人和上帝，都不应确定真理，但真理仍可界说为应该确定和承认的事物。

一个观念，本从经验的具体事实抽象而成，却用来反抗和否认所从抽象的事实，这是最好的一个例了。

哲学和寻常生活中，这类例很多。对于抽象的正义、宽宏、美丽等，尽管痛哭流涕，到街市上，遇见了它们，因为四围情形，使它们平庸流俗了，竟会“视而不见”——这是感情主义者的错误。我在一本传记里，读到一段，说一个理性派的人：“很可异的，我的哥哥虽然这般羡慕抽象中的美，他对于美的建筑、图画，或花卉，没有什么兴味。”我最近看的一本哲学书里，还说：“正义是理想的，全是理想的。理性推想它应当存在，经验揭示它不能存在。……真理应当有，却不能有。……理性给经验残废了。理性一进了经验，就变成反背理性了。”

这里唯理主义者的错误同感情主义者的错误，一些没有两样。他们都从经验的泥土般的事项中，抽象得一个性质，这性质比那泥土般的各事项，好像是相反的，较高的，一个本性。其实它就是这经验事实的本性。它是应当去证实考验的真理的本性。我们去考验我们的观念，因为值得去考验。我们寻求真理的责任，是我们应做值得事情的普通责任的一部分。真观念所给我们的价值，就是我们为什么要求真观念的解释。在富足和健康中，也有这同样的理由。

真理不比健康和富足有别样的要求，别样的责任。这些要求都是有条件的。我们所得的具体利益,是我们所以将寻求它们当作责任的意义。以真理言,假观念的流毒,和真观念的有益,一般明白。抽象的说,真的性质,就说是可宝贵的,假的性质,是可憎恶的:一个可以说是善的,一个不善的,绝无条件。我们应思想真的,远离假的。

但是我们如板滞地守着这抽象观念,把它和经验中它的产地对抗起来,看我们到了怎么乖谬的一个地位。

在实际思想上,我们便一步不能向前。什么时候我应承认这个真理,什么时候承认那个?我这承认是应当大声的,或静默的?若有时大声,有时静默,现在应该哪一样?什么时候,一个真理可以堆在大辞书的栈房里?什么时候,应该出来奋斗?"二乘二得四"的真理,永远要求我们承认,我们就应当常常背诵吗?或者也有时不适合的?因为我真有许多罪孽,我便应日夜想着它们吗?或者也有时可以排遣了,做一个合宜的社会的分子,不专在忧伤忏悔中度日?

我们承认真理的责任是有条件的,已很明白了。单独的抽象真理,自然要求抽象地承认;但是多数的具体真理,却只在适宜的时候应当承认。当一个真观念和一个假观念都关系于一个具体的情境,我们自然要选择那真观念。若两个都不关系于具体的情境,真观念的无用就也和假观念底无用一样。你若问我现在几点钟,我答你说我住在欧文路 95 号,我的答语实在是真的,但是有什么用处?我这时就给你一个假住址,也是一样。

我们既然承认抽象真理的应用,是受条件的限制的,实用主义的真理观,就有全力迫我们承受。我们同实在符合的责任,全根据于具体的经验。

从前贝克莱解释一般人所称物质的意义,人家说他否认物质的存在。现在席勒、杜威两先生说明了一般人所谓真理什么意义，人家就说他们否认真理的存在。批评家说，实用主义毁弃了各种客观的标准，把智和愚放在一个阶级上。他们形容席勒先生同我的主义，总是说，我们是一种人，以为说些说得有快感的物事，叫它真理，便满足实用主义的要求了。

这话是否无礼的谤毁，我让大家去判断。实用主义者囿在过去贮蓄的全部真理和感觉世界的压力中间，若说到思想作用所受客观的制裁，谁还能比他感觉得更真切？〔1〕 近来我们听见许多人说科学中要用想象力。我看这时候也须劝人在哲学中用些想象力。我们的批评家，有几个只从我们言论中，去读出最浅陋的意义来，在最近哲学史上，可算缺乏想象力了。席勒说，真的是能"工作"的。人家就以为他把证实限制于最下的物质的实利。杜威说，真的是给人"满意"的。人家就以为他信无论什么给人快感的，都可唤作真的。

我们的批评家，需有更多的实在的想象力。我自己是老实地去从唯理派的概念中，用扩大的想象力，读出最好的意义来。但我自认至今仍没有成功。一个实在，呼唤我们去符合，没有别的理由，不过是因为它的要求是无条件的、超绝的——这样观念，我简直寻不出它的头脑。我自己试想象自己是世界上唯一的实在，再想象我自己还"要求"什么。你若指出一个可能，说我可要求从虚空里发出一个心来临摹我，但我仍想象不出什么动机。我给它临摹，于我有什么好处，它来临摹我，于它有什么好处(既然后来效果不能作为动机)，我实不能推测。一个爱尔兰人坐了漏底轿子去赴宴，实际上还是自己跑路。他说："要不是为了坐轿子的虚名，还是步行的好。"我也说："要不是为什么虚名，还是不给人临摹好。"临摹是知识的一真形式(这是现

〔1〕 此处漏译：If anyone imagines that this law is lax, let him keep its commandment one day, says Emerson. ——编校者

代超绝论者所否认的);但是我们超过了临摹,到了符合——不是临摹,也不是引导或适合,或不论什么实效上可界说的作用——这个符合是什么,就和为什么要符合一般的不可解。我想象不出什么内容或动机。这是绝对的无意义的抽象说。

在真理论上,宇宙理性的真的保护人,是实用主义者,而不是唯理主义者。

第七篇

实用主义与人本主义

真理观念

人家对于我上篇叙述的真理论所以狠心地反对的原因，只是一个笼统抽象的真理(the truth)观念，正是培根(Bacon)所谓一种“部落的偶像”(idol of the tribe)。这个真理，他们以为是宇宙谜底解答，决定的、完全的。在通俗的风尚上，若这样解答是神秘的、玄妙的，反更好：因为这解答自身，可以引起人惊奇，它的蕴奥，到底包藏些什么，不显露出来，反蒙没了，于是这解答也成了一个第二类的谜。所有关于世界谜的一字答案，如上帝、一、理性、定律、心、物、自然、归极性、辩证式的天运(译者注)此指 Hegel 之哲学、法象、自我大灵(oversoul)等等，都从玄妙上引起人家的惊异赞叹。哲学中专门学者与普通研究家，都将宇宙作为一个奇怪的、化石的、狮身人面的异兽(像神话里说的)，它唤起人的注意，专用它的谜来叫人猜。真理：什么一个唯理派的完全偶像！在一封旧信里——一个多才早死的朋友写的——我读到这几句话：“在无论什么里，科学、文艺、道德、宗教，必定要有一个系统是正确，其他都是错误的。”这可代表一个少年时代的狂热！到 21 岁，我们都要想解决这样问题，盼望找到这么样一个系统。多数人永不想到——就是后来也不想到——什么是真理(单独的、抽象的)？这个问题，实在不成问题；这观念是从多元真理的事实抽象而得的，像我们抽象地说拉丁语（the Latin language）、法律（the law），一样是综括的名词。

法律裁判官，有时说到这抽象的法律，学校教师，有时说到这抽象的拉丁语，好像在判决以前，在文字文法以前，先存在了法律、拉丁语，将这判决和文法决定了，不可更改，而迫它们服从似的。但是我们稍一思索，就知道法律、拉丁语，并不是原素，却是结果。行为上合法律与不合法律的区别，语言上正确或不正确的区别，全是人类经验交互作用中偶然发生的。信仰上真与假的区别，也是这样生长的。成语接在以前的成语上，法律接在以前的法律上，真理也接在以前的真理上，在这过程里，新的渐改换了旧的。有以前所有的法律和一件新案，裁判官就把它们融合了成个新法律。有以前的成语，一个新谚或隽语正合着公众嗜好的发生了，立刻成了一个新成语。有了以前的真理，新事实来了，我们的心寻着一个新真理。

在这中间时候，我们却偏假装着说，凡常住的是不迁流的，以前的正义、文典、真理，是爆发出来，不是创造的。但试想一想，一个少年坐在法庭上，用他抽象的法律观念，去审问案子，或一个文法家在人丛中，要说明那本国语的观念，或一个教授拿他真理观念来讲演实际的宇宙，他们是否能前进。只要一接着新事实，他们的法律、文典、真理早沸腾了。法律、文典、真理，都是我们一面前进一面创造的。我们的曲直、禁戒、字、形式、成语、信仰，同是新的创造物，历史前进怎样快，它们也就增加得怎样快。法律、文典、真理，不是已有的原素，是结果的抽象名词。

席勒论人本主义

这样看来，法律和文典，是人造的物事无疑了。席勒应用这道理到信仰上去，他的主义是，在一个不可决定的限度内，真理也是人造的产物。他给这主义一个名词，叫作“人本主义”(humanism)。人的动机，磨砺我们的问题，人的满足，潜伏着我们的解答，所有我们的公式，都有一个人的“矫揉”。这个人的分子，是产物里不可解脱的，所以席勒有时似乎问我们除了这个以外，还有什么别的事物。他说：“世界是什么，它是我们所造它这样的。若问它原来是什么，或除了我们以外是什么，再来下一个界说，那是无结果的。它就是它所成的。因此……世界是可造就的。”见《人的唯心论》[1]，第60页。

他又说我们要知道，这可造就性的限制，只有去试验，我们应该当它是完全可造就的去动手，依着这假定有秩序的做去，直要等到我们确然被阻了，方才罢休。

这是席勒先生人本主义的开宗明义的宣言。他为了这个，很受严厉的攻击。我这番讲演里的意思，是要给人本主义的地位辩护，所以我对于这点要略说几句。

席勒先生同别人一样，很郑重地承认真理创造的实际经验中，有抵抗的原素，是新造的真理所必须考量的，也必须同它们符合的。我们一切真理，是关于实在的信仰。在无论哪一个特殊信仰里，实在总像是一个独立物，一个寻着的——不是制造的——物。让我略提上篇里所说的。

新真理所必须考量的三种实在

“实在”是真理所必须考量的。Taylor在他的《玄学大纲》[2]里用这好的界说。从这个观察点看，实在的第一部分是我们感觉流。感觉是逼人而来的，我们不知道它们从何而来。它们的性质、次序、量数，是我们的制裁所不及。它们不真不假，它们不过存在罢了。只有我们关于它们所说的话，我们给它们的名词，我们对于它们的本原、性质和远的关系的理论，是可真可假的。

---

[1] 今译为《人格唯心主义》(*Personal Idealism*)。——编校者

[2] 今译为《形而上学大纲》(*Elements of Metaphysics*)。——编校者

实在的第二部分,我们的信仰所必须服从地考量的,就是我们感觉间或影像间的关系。这部分又可分为两项:(一)可变化的与偶然的关系,如日期和地点。(二)固定的与主要的关系,这种关系,是根据它们所关系的各端的内部性质的。两项关系,都是直接知觉的材料,都是事实。在我们知识论上,后一项的事实,是实在的较重要的部分。所谓"永久的"内部关系,我们比较它们可感觉的各端就知觉了。这种关系,是我们思想——数学的与论理的思想——所永远必须重视的。

除这些知觉以外(虽然大半根据它们的),实在的第三部分,是新思考所必须考量的以前的真理。这第三部分的抵抗力最小,常时结果总是让步的。这三部分实在,常在那里支配制裁我们信仰的构成,我们上一点钟所已说过了。

"考量"的意义是双关的

这些实在的分子,无论怎样固定,我们对付它们,仍有一种自由。拿感觉来说。感觉存在,我们自然不能制裁,但是在我们结论里,我们注意及着重哪一个,就全视我们各人的兴味,注重之点不同,结果的真理的构成也就各异。同一事实,我们看法不同。滑铁卢(Waterloo)战事的细目,同样确定,可是英国人看了是大成功,法国人眼中是大失败。所以同一宇宙,乐观的哲学者以为是一个成功,悲观者就以为是一个失败。

我们关于实在说什么,全恃我们给它什么配景。实在是实在,由它自己;实在是什么,恃它是哪一种;而它是哪一种,又恃我们表明。实在之感觉的和关系的部分都是哑的;关于自己,不会说什么,要我们去代它们说的。惟其这样,唯智主义者,如格林、凯尔德,竟把感觉推开了,抛在哲学的认识以外,但是实用主义者不肯走到那么极端。一个感觉,有些像诉讼里的委托人,他将全案交给了辩护人,自己却在法庭上静听这辩护的律师所视为最适宜而陈述的案中事情,不问这事情,还是有快感的或没有。

所以就是在感觉的区域,我们的心仍有独断的选择。我们的去取,定这区域的界限;我们的注重,分别它的前景与背景;我们从这方向去看,或从那方向去看,由我们的命令。总之我们拿着一块石头,要自己去雕成石像。

实在的"永久的"部分,也是一样。我们内部关系的知觉,由我们自由推移,排列。我们可以用这个或那个等级的次序去读它们,用这个或那个方法去类别它们,把这个或那个知觉作为根本的重要,直到我们对于它们的信仰,组成真理的这几大部,如论理学、几何学或数学,在每部中它的形式与秩序完全是人造的。

这样,不要说人生行为增加实在的新事实,人早已将他们的思想形式深深地印在实在的第三部分(我所称为以前的真理)上了。每一点钟时间,带着它的新知觉,它的感觉和关系的新事实,要我们去考量的,但是我们关于这样事实的过去对付,已贮蓄在以前的真理里。所以实在的前两部分只有最小最新的一小分数是不靠人力来的;而这一极小分数也立刻"人化"起来,和已经"人化"了的大部分,同化、顺应。在事实上,我们若没有先存的概念,知道所得的印象大约是什么,我们不会有什么印象。

绝对独立的实在很难寻得

所以我们若说到人的思想以外独立的实在,是一个很难寻得的物。这是刚入经验而未有名称的一个物的观念,或者是在我们对它的信念未起以前,人的观念没有适用以前,经验里最初就有的一个物。这绝对是哑的、虚幻的,不过是理想的限制。我们可以瞥见它们,不能握住它们;我们所握住的,常是人的思想所已烹调过的一个替代物。无论在哪里寻着它,它已经涂抹装扮过了。席勒说独立的实在只是一块柔软的坏质,是给我们随意造做的——他说的正是此意。

这就是席勒关于“实在的可感觉的中心”(the sensible core of reality)的信仰。我们“遇着”它，却不能占有它。表面上，这很像康德的理论；但康德所谓自然界以前爆裂的范畴，同席勒在自然界里渐渐造成的范畴，这中间判出唯理主义和经验主义根本的区别。从康德派看来，席勒比康德是魑魅去比天神了。

别的实用主义者，或能达到对于“实在的可感觉的中心”更积极的信仰，他们或者想一层一层地将人造的外皮剥了，他们可更明白实在的独立性质。他们尽可发明实在从哪里来的理论。这些理论，只要能美满地应用，就是真的。超绝的唯心论者说，实在没有中心，最后完成的外皮，就是实在与真理为一。烦琐哲学，仍教人这中心是“物质”。柏格森(Bergson)、海曼斯、斯特朗(Strong)教授等信仰中心是有的，勇敢地要去界说它。杜威和席勒当它是一种“界限”。这各种不同的真理观中，最后证明是最满意的，便是真的。一方面有实在，一方面有它的说明，这说明，实在不能再改善或变了。若这个不可能是永远的，这一个实在观就是绝对真的了。别的真理的内容，我没处寻求。如若那些非实用主义者还有别的意义，请求他们宣示我们，请他们给我们一个门径吧！

我们关于实在的信仰，既然不是实在，总含有人的分子，但这些人的分子却能知觉那些非人的分子。河造成岸的呢，还是岸造成河？一个人走路右脚是主要呢，还是左脚？在我们认知的经验的生长里，要将实在和人的原素公判开来，同答这问一般是不可能的。

这是人本主义地位的简单表示。这不像诡辩吗？我再举几个事例来申说一下，使你们于这问题，有更完满的知识。

在许多惯常事物里，大家可承认这人的分子。一个实在，我们用这个或那个法子概念它,去适合我们的用处,那实在完全被动地服从我们的概念。例如一个数目——27——你可以当它是3的3乘,或3和9的积数,或26加1的总数,或100减73的余数,或无量的其他方法,一般都是真的。一个棋盘,你可以当它是白地上黑方,或黑地上白方,没有一个说法是假的。

右面的图,你可以当它是一颗星或当它是两个交叉的大三角形,或一个六等边形的边延长了,或六个三角形连接起来,或别种看法。这都是真的看法——和这纸上可感觉的形式,一个都不抵触的。一条线,你可以说是向西,也可说是向东,这线自身承认两个形容法,并不觉得矛盾。

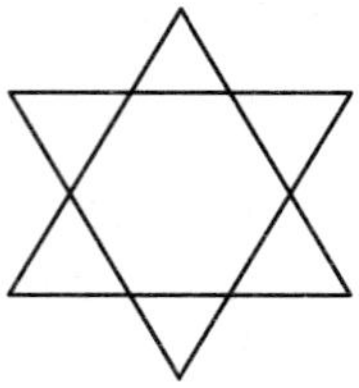

天上一群一群的星,我们将它们划分了成许多星群,它们只是忍耐地让我们去分划题名——若它们能知道我们所做的,有几个对于我们给它们的侣伴,一定很诧异。同是这"北斗星",我们叫它 Charles's Wain[1],又叫它"大熊",又叫它一个"杓"(Dipper)。这些名词,都是真的,都可适用的。

在这些例中,我们都在可感觉的实在上加增一点,那实在也容忍这加增。这些加增,都同实在"符合"。它们没有一个是假的。哪一个更真些呢?那全恃人的用处怎样。如若27是在抽屉里的27块钱,以前我放在这抽屉里28块,那么27便是28减1。如若27是一块板的寸数,这板我要插入26寸宽的树里,这27便是26加1。若我要这星宿尊严些,Charles's Wain 比"杓"是一个更真的名词。我的朋友迈尔斯(Frederick Myers)常滑稽地发怒,说这庄严的星宿,给我们美国人看了,却不联想到

〔1〕 译为"查理的战车"。——编校者

别的,单想到厨下的一个杓子。

我们到底应当叫什么是一物?这很像十分随便的。因为我们分划出物来,和我们分划出星宿来,一样是要适合我们的用处。这会场里的“听众”,我看来是一物,一时注意而一时不安静的物。我现在用不着去想这听众里的一个个的人,我也就不想。一个“军队”,一个“国家”,也是如此。但是在你们眼里看来,将你们唤作一个“听众”,是一极偶然的看法。你们永远实在的物,是你们各个人。若再从解剖学者看来,这些人又不过是许多机体,而实在的物是各个器官。若再从组织学者看来,器官又不如细胞是实在的物。若去问化学者,他又要说,实在的物是原子,不是细胞。

我们任意将可感觉的实在流分剖成若干物。我们创造我们一切真假命题的主辞。

我们也创造表辞。许多物的表辞,不过表明这些物与我们和我们的感情之关系。这样表辞自然是人的增加物。凯撒渡鲁比谷[1],是罗马自由的厄运。他也是美国学校里一个灾星,因为学生读他的著作,很难的。这增加的表辞,和以前的表辞,一样真的。

我们看一个人怎样自然达到人本主义的道理:人的贡献是删除不了的。我们的名词、形容词,都是人化的遗产。我们把它们构造成的理论里的内部秩序和排列,全受人的关系——智识上的不矛盾也是其中一个——之支配。数学、论理学,充满了人的重行排列,天文学与生物学,也大半显出人的偏向。我们向前投入新经验域里,却带了祖宗传下来的和自己已经造成的信仰一同去。它们决定我们注意什么;我们的注意决定我们

〔1〕 今译为卢比康河。——编校者

做什么;我们做什么决定我们经验什么。这样层层相因,所以虽说有一个可感觉的实在流,而这流里的真物与假物,大半是我们自己所创造。

我们建设这实在流出来,无可逃了。重要的问题是:实在流有了我们的增加物,在价值上是增高,还是减低呢?这些增加物,是值得的,还是不值得的呢?假如一个宇宙,只有七粒星,没有别的,只有三个人做那七星的观察者和批评者。一个人叫那星“大熊”,一个人叫它们 Charles's Wain,还有一个叫它们“杓”。哪一个人的增加物,把这七星造成最好的宇宙呢?若迈尔斯是批评者,他一定说美国的“杓”是不好的了。

哲学者洛采(Lotze)有一个深远的指示。他曾说,我们朴素地假定在实在和我们的心之间有一个关系,这个关系,和真的关系,或正相反。我们自然想,实在是现成的、完全的,我们知识的简单任务,是描写那现成的实在。但是洛采问,我们的描写,就不是实在的重要增加物吗?以前的实在自身,不会就为了激刺我们的心,使它有这样的增加物,提高宇宙的总价值而存在:不是单为了复现在我们知识里而存在吗?倭肯教授常用的一语 Die erhōhung des vorgefundenen daseins[1] 也含有洛采所说的意思。

这和实用主义的概念偶然相同。在我们认识的生活和活动的生活里,我们是创造的。我们于实在的主辞和表辞部分都有所增加。这世界实在是可锻炼的,等我们的手去给它最后的修饰。古人说天国是听人造作的;世界也是如此,服服帖帖的听人铸造。人把真理产生到世界上来。

这样一个概念,使我们思想者的尊严和责任,都因之加重

[1] 译为“提高已被发现的存在”。——编校者

了。有人觉得这是最能鼓舞人的观念。意大利实用主义的领袖巴比尼君，对于人类这种神圣创造的机能，更具一腔狂热。

实用主义和唯理主义相差的要点

实用主义和唯理主义差别的要点，现在全部看见了。主要的差别是：唯理主义的实在，是造好的，完成的，从无量时间以来，便是这样；实用主义的实在，却还在创造中，它有一部分要等将来才完成。在那一方面，宇宙是绝对安稳的，在我们这方面，宇宙还在冒险进行中。

人本主义的深义明白了，人家对于它发生误会，我们也就不以为奇。有人说它是一个任性的主义（a doctrine of caprice）。如布拉德雷说，人本主义者如了解他自己的主张，就应承认一个鹄的，无论怎样悖谬，只要我个人坚持，说它是合理的，便是合理的；一个观念，无论怎样狂妄，只要有人决定说它是真理，便是真理。人本主义的实在观——实在是抵抗的，却可锻炼的，它制裁我们的思想，如一种"力"，必须不断地考量它（虽不必单临摹它）——显然不容易灌输给初学者。这使我想起我个人经历的一个情境。我有一次写了一篇论文，讲我们有信仰的权利，不幸我叫它"信仰的志愿"（Will to Believe）。所有批评者都忘了论文，专攻击题目。他们说，这是心理上不可能的，道德上不正当的。他们很滑稽的替我将它改做"自欺的志愿"（"Will to Deceive"，"Will to Make-believe"）。

我们现在所讨论的实用主义与唯理主义的差别，不仅是一个知识论的问题，也关于宇宙自身的构造了。

唯理主义是认一个经验以外的世界

在实用主义方面，我们只有宇宙的一版，没有完成，四方八面都在生长，在思想家用力的地方，生长也更多。

在唯理主义方面，我们有一个宇宙的多版，一版是实在的，是"精装善本"，是永远完全的，是无限的；以外有限的各版里，满藏了假的记载,附会的、残缺的、各有各的样子。

这样,我们又回到多元论一元论的各种玄学上的假设。这一点钟的余时,我要说明它们的差别。

它的动机

第一,凡人在选择主张时,总脱不了一个气质的差别。唯理主义者的心,根本上是偏想的、独断的、权威的,"必定是"一句话不离口的。他的宇宙总带上一根很紧的肚带。彻底的实用主义家,却是活动不拘的,无政府主义一般的人。若他没法,要像第欧根尼(Diogenes)住在一个木桶里,只要那桶的箍是宽松的,木板缝里让些日光进来,他倒也毫不在意。

这样一个宽疏的宇宙观,影响于代表的唯理主义者,犹如出版自由,影响于俄国出版物检查局里的一个老练的办事官,或"简单拼法"影响于一个学校里的老女教师。这像一班新教徒,影响于教皇党;像无气骨、无原则的政治上投机主义,影响于一个旧式的法国正统派,或神圣民权之信仰者。

多元的实用主义,以为真理是从有限的经验中生长的。这些有限的经验,彼此倚附;但是它们的全体——若有这样一个全体——却不倚附什么。在经验流以外,没有什么能牵制它的结局。它的拯救,也只能期望于它自身内含的希望与能力。

唯理主义者看了这样描写的世界,是浮浪的,飘荡在空间,没有托足的物。这样的世界,是一群星,抛在天空中,没有一个重心。虽然在生活的别部分里,我们也渐惯住在比较的不稳固中:如"国家"和绝对道德定律之权威,降而为适宜的行为,神圣的教会,变成了聚集的场所。不过在哲学的教室里,还不是这样。若宇宙要像我们样的人去创造真理,世界要听我们的投机和个人判断,那么爱尔兰自治比起来,还是"千年的太平"!我们不配参加这样的一个宇宙,好像菲律宾人不配自治。这样的世界,在哲学上是不尊严的。这是一个没签条的箱子,一只没颈圈的狗——许多哲学教授都这样想。

依他们想,这宽疏的宇宙,用什么去束紧它呢?

要一种物去维持这有限的众多,去束缚它、统一它。一种物,不顺着事变改换的,永久的。可变的经验,必须根据于不可变的东西。在我们"事实上的"世界以后,必须有一个"法律上的"副本,是决定的,先存在的,凡能发生的事物,已潜伏了它们的可能性在那里,每一滴血、一小件,都预定了,标明了,没有变换的机会。在这下面世界里,我们理想中,有几多否认。这些否认自身,在绝对的实在里,要受否认的。唯有这绝对的实在,使宇宙稳固。这是安息的深渊。我们住在那波涛汹涌的表面上,靠了这个,我们的锚抓住石头底,一些不动。这是诗人华兹华斯所说的"无量扰攘的心中,住着永久的平安"。这是维韦卡南达所说的神秘的"一"。这是实在,它的要求,是无时间的,它是不会失败的。这是讲原理的人,或我第一篇里说的柔性的人所认为他们必须假定的。

刚性者的否认

这也就是那篇里的刚性的人所认为一片迷妄"抽象崇拜"的。刚性的人,所求的是事实。我的朋友赖特(Chauncey Wright),是我少年时哈佛里的大经验主义家,他常说,在现象的事实的背后,别无什么。唯理主义者主张在事实背后,有事实的根据,有事实的所以可能;刚性的经验主义者,就说他是将一个事实的名词和本性,移置于事实背后,作为使这事实可能的实体。这样假根据很多。在一个外科手术施行中,我听见一个观者问医生,为什么病人呼吸那么样深。医生答道:"因为以太是一种呼吸的兴奋剂。"那问的人说"啊",好像已得着好的解释了。其实还不是同说毒气杀人,因为它是"毒"的;今晚很冷,因为这是"冬季";我们有五指,因为我们是五指的生物一样吗?

这些都不过是把事实的名词,作为先有的和解释的物。刚性人以为柔性人的绝对的实在观念,也是这样构成的。它也不过是现象的综括名词,拿来作为一个先有的实体。

一个真正的争点

你们现在知道人对于事物的观念怎样不同了。我们所生存的世界,是无量数的"各个",散布的,分配的,在各种方法和程度中联合的。刚性的人,情愿照那样的价值去看它们。那样的世界,他能容受,他的气质,适合那样的不稳固。柔性的人就不然,他以为我们所生存的世界背后,必须有一个另外的更好的世界,在这世界里,"各个"构成"全","全"构成"一",这个"一"论理上假定预先涵有各个"各"。

我们做实用主义者,必须是根本上刚性的吗?我们能将世界的绝对版本作为合法的假定吗?无论抽象的或具体的看它,它一定是合法的,因为它是可思想的。

我说抽象的看它,我的意思,是将它搁在我们有限的生活背后,如我们将"冬季"搁在今晚的冷的背后。"冬季"不过是若干日子的一个名词,大概有冷的气候的,但是也并不能完全担保气候的冷,因为我们的寒暑表明天或者就可升至70度以上。然这名词在经验流里,仍是有用的。它撇开许多或然的事物,指出其他或然的事物。你可以把草帽藏起来,把御寒的东西预备好。这名词是要寻求的事物的综括。它是自然的习惯的一部分,叫你预备着它们的继续的。它是从经验里抽象的一个确定的工具,它是一种概念上的实在,你必须考量的,完全反照你到可感觉的实在里去的。这样抽象理论的实在,实用主义者决不否认。这便都是贮蓄的过去经验。

具体的看那世界的绝对版本,便得一个不同的假设。唯理主义者具体的看那绝对版本,更把它拿来和世界的有限版本相对比。他们给它一个特殊的本性。它是全善的、结局的。在那方面,每个事物都和其他事物相联络,一同给我们知道,在这个世界里,到处是愚昧,相差得远了。在那里,即使有需求,必也有满足。那个世界是无时间的,我们这个全是过程。在我们这世界里,有可能性;在绝对的世界里,所没有的是从无量时间都是不可能的,所有的都是必要的,故“可能性”一个范畴,竟无从应用。在我们这个世界里,罪恶和恐怖是可叹惜的,在那个统一的世界里,没有悲惜,因为“暂时的恶,正是无穷的全善的一条件”。

实用主义的调和

再说一遍,以上两个假设,在实用主义者眼里,都是合法的,因为各有各的用处。抽象的看,或当它像“冬季”一个名词,当它是一个记录,记载过去的经验,指导我们入将来的,这样绝对的世界观念,是不可缺的。具体的看,也有许多人以为不可缺,因为它在宗教上规定他们,改变了他们的生活,又因为改变了他们的生活,遂改变了外界依赖他们的事物。

因此,我们不能跟了刚性的人,否认经验以外的世界的全部观念。人家对于实用主义的一个误解,是将它和实证主义的刚性,认为一物,以为它轻蔑各种唯理主义的观念,以为它爱智识的混乱,喜欢一种完全凶蛮的世界,以为它宁取这样混乱,不取哲学的“教室产物”。我在这些讲演里,反对过分柔性的唯理主义的话很多,原准备着这种误解。但是我须承认,就在这会场里听众中,这种误解之多,也使我惊诧,因为我虽批评唯理主义,同时我也为它能指导我们入经验的假设辩护过。

如今天早上,我就接到一个邮片,上面写的是这问题:“实用主义者,必须是物质论者(materialist)或不可知论者(agnostic)吗?”一个应该知道我很深的老朋友,给我一封信,骂实用主义闭塞了较广的玄学上的见解,诋我们是最低的自然主义者。让我节读那信底几段:

我的朋友写道：

> 我看起来，对于实用主义的实用上的驳论，就是它可以使心地狭窄的人更狭窄了。
>
> 你排斥虚浮的空想的呼声，自然是感人的。你告诉一个人，说他对于自己言语思想的直接的结果和关系，应负责任，固然很兴奋的，但我总不愿就放弃那思维较远的关系和结果的快乐，而实用主义的趋势，却否认我这特权。
>
> 总之，我看实用主义趋势的限制——或危险——和自然科学的限制或危险相类。化学和物理，是显著地有实用的。忠于这种科学的人，以为他们权度所得的事实材料满足了，对于哲学和玄学的学者，很感无限悲悯和轻蔑的意思。不论什么事物，固然都可用化学和物理的名词来表示；只有那最切要的“全体的原理”，独不能用化学物理的名词来表示。于是他们就说表示了没有实用，于他们没什么影响。在我的方面，我不信我们不能超过自然主义者和实用主义者的明白的多元论，而寻求一个论理上的统一性。

我第一、第二两次讲演以后，对于实用主义这样的见解，怎么还可能呢？我始终把实用主义贡献出来，作为刚性和柔性的调和者。“先物的”(ante rem)世界观念，无论抽象地看，如“冬季”一个名词，还是具体地看，作为一个假设的绝对，只要它能证明于人生有什么效果，它就有一点意义。若这意义能应用，它就有一点真理，应当保守着，虽经历许多可能的改述，还可存在——这是实用主义的态度。

这绝对主义的假设——全善是永久的、原始的、最实在的——有一个完全确定的意义，在宗教上确能应用的。去观察它怎样可以应用，是下回也是末回讲演的主题。

第八篇

实用主义与宗教

在上次讲演的末了，我提起第一次讲演里所分别的刚性和柔性，同它们的调和者实用主义。刚性的哲学者，积极地否认柔性的假设，就是宇宙有一个永久的、全善的一版，同我们有限的经验同存在。

在实用主义的原则上，我们不能否认一个假设，若从这假设发生有用于生活的效果来。普遍的概念，在实用主义上可以像特殊的感觉一样实在。若它们没有用，它们也当然没有意义，没有实在。但是它们若有一点用处，它们就有那么多的意义。若这用处和生活的其他用处相适合，它的意义就是真的。

绝对的应用

绝对的应用，人类宗教史的全部已证明了。我们记得维韦卡南达氏用那神秘的一——自然不是一个科学的应用，因为我们不能从它有特殊的演绎。这全是感情的和精神的。

惠特曼的诗

讨论事物，最好借助于具体的例证。让我读惠特曼《给你》一首诗——“你”自然是指这诗的读者或听者。

你不论是谁，我现在把我的手扪着你，把你做我的诗；

我轻轻地附着你的耳说，

我爱过多少男子女子，但我现在不爱哪一个比爱你再真挚。

啊！我以前多懒惰、多哑！

我应该早寻着你，

我应该除说你不说什么，不歌咏什么专歌咏你。

我现在离了一切来做你的赞歌；

没有人了解你，但我了解你；

没有人公正地待你——你也没有公正地对自己；

大家觉得你不完善——只有我不这样看待你。

我能歌咏你这么许多光荣和伟绩啊！

你从来没有知道自己是什么——你一生对自己如睡着；

你所做的事，都成了假戏。

但是假戏不是你；

在那假戏的里面，潜伏了真你；

我追寻你到没有人追寻你的地方；

沉默、书桌、轻浮的神情、黑夜、职务，若这些掩没了你，却不能掩没了使我不见你；

剃过的面孔、不定的眼睛、不清洁的颜色，若这些阻了他人，却不能阻我；

椎结的衣裳、不健全的形状、醉酒、贪婪、夭殇，都不在我心上。

你的中间藏着一切男子女子所有的才艺；

你有他们的勇敢强毅，你也有他们的德性和美丽；

没有只等他人去享受的快乐，不一般等着你。

你不论是谁啊！须冒了万难要求你自己的，

东西各方所显示的物，比起你来，都减色了；

这些伟大的草地——这些无量的江河——你的无量和伟大，也如这些江河与草地；

你是它们的主人或主母，

自然、原质、痛苦、欲望、灭亡，你都有权利做它们的主人主母。

你的桎梏从膝上落了——你有不失败的满足；

你不论是老年、少年、男、女、粗鲁的、低微的、他人不迎接的，你到底是什么，总会宣露出来；

经历诞生、生活、死亡、殡葬，方法都安排了，什么也不缺少；

经历愤怒、损失、奢望、愚昧、烦恼，“你是什么”，觅着它的道路了。

两种领解

这是一首很好很动人的诗。但是有两个看它的方法，都是有用的。

一个是一元的方法，纯粹“宇宙的情绪”的方法。你的外观尽涂坏了，光荣和伟绩，绝对是你的。你无论遇着什么，无论给人看成怎样，你的内部是平安的。你只须回顾着依赖着你存在的真原理。这是有名的宁静主义（quietism）、冷淡主义

(indifferentism)的方法。它的对敌,比它是精神上的鸦片。然而实用主义必须尊重它,因为它有极大的历史的辩证。

实用主义还有一个解释这诗的方法,也要尊重的,就是多元的方法。这样光荣的你,受赞歌的你,可以指你较善的可能性,或指你在对自己或他人救赎的效验。这可以指你对于所羡慕喜悦的人之可能的忠爱,因为你羡慕喜悦他人到这步田地,你情愿承受自己一个可怜的生活,这可怜的生活,是那光荣的侣伴。在这样一个勇敢的总体世界里,你至少也能领会赞赏,做一个听众。忘却自己的卑微,单想着高尚的分子,同那高尚的符合,然后经历了愤怒、损失、愚昧、烦恼,你自己造成什么,也觅着它的道路了。

无论用哪一种方法去看,这诗是鼓励我们对于自己的忠信。两个方法都满意,都使人的迁流成为神圣。两种方法,都画"你"底肖像在一个金的背景上。不过第一方法的背景是静止的一,第二方法的背景,是众多的可能、真的可能。所以第二方法,也含着那样概念的不静。

这诗的两种读法都是尊贵的,但是第二方法和实用主义的气质最合宜,也甚明白,因为它直接指示出将来经验的无量数事项,叫我们确定的活动立刻进行。第二方法比第一方法,虽像平凡些,但也没人能斥它是不好的刚性。实用主义者积极地采取第二方法,不用第一方法。他的态度,大概是受人误解的。人家怪他否认更尊贵的概念,指他是最坏刚性的友助。

我的朋友的信

你们记得我在前次讲演时,所读这听众里一个朋友写给我信的几段。让我再读一段。这信表示对于我们辩论的两端缺少明晰的了解。

我的朋友写道:

> 我相信多元论;我相信在寻求真理中,我们在一个无量的海上,从一冰块跳到他冰块,我们每个行为,使新真理可能,旧真理变成不可能;我相信每个人负着改善宇宙的责任,若他放弃了这责任,那一部分的改善就没有做。
>
> 但是我同时所以情愿忍耐子孙的疾苦颠连,自己的头脑愚蠢,也有一个条件,就是:在想象或推考上,构成一个一切事物的合理的统一性,使我能想见我这些思想、行为、烦恼,是有世界的其他现象补足的。这样补足了,我的思想、行为、烦恼,原是我自己采取的一个系统的一部分。我决不信除了自然主义者和实用主义者的明白的多元论,我们不能寻求一个论理的统一性。

这样个人信仰的一个表示,真使听者的心暖了。但是他哲学的头脑,到底清楚吗?他主张一元的或多元的世界解释,是一贯的吗?他的烦恼酬报了,只要有其他现象的补足。他显然是向前求经验事项的,这经验事项,他用多元的改善主义的方法来解释的。

但是他又相信自己是向后的。他所指的,实是事物之可能的经验的统一(unification),偏说是事物之合理的统一性(unity)。他同时假定,实用主义者缺少因信仰具体众多的可能性而得之一种安慰,因为实用主义者批评唯理主义的抽象的一。总之,他没有分别清楚世界的全善,是必然的原理,还是可能的结果。

我以为写这封信的人,真是实用主义者;但他做了实用主义者,自己没有知道。如我第一次讲演里所说一班初治哲学的人，要求一切好的物，却不留心它们彼此适合不适合。“一切事物的合理统一性”，是一个很感动人的公式，他就急急地把它揭出来，却抽象地责多元论，说它和这合理统一性抵触（单看名词它们是抵触的），具体地他所指的，仍是实用主义上统一的改善的世界。我们多数人，在这点上，都依然含浑不明晰，这也好的；但为清楚的头脑计，不得不有几个人，稍进一步。所以我在这特殊的宗教一点上，分别讨论一下。

许多“你”中的这个“你”，这绝对实在的世界，这给我们道德的感化而有宗教价值的统一性，应当一元的看，还是多元的看呢？它在事物以前(ante rem)还是在事物里(in rebus)？它是一个原则，还是一个鹄的？绝对的还是最后的？它是第一的，还是末了的？它使你向前看，还是使你望后靠？我们值得把它们分别清楚，因为分别了，它们于生活上必有明确的不同的意义。

必然与可能

请注意这两歧，全关于世界可能性的观念。在智识上，唯理主义求它统一性的绝对原则，作为众多事实可能的根据。在感情上，它拿绝对的原则做各种可能的一个包含者和限制者，一个良好结果的保证。从这样方法看，绝对使一切好的事物确定，使一切不好事物不可能，也可以说，把可能的范畴，变成更稳固的范畴。我们在这点，可以看出很大的宗教的区别，在一种人坚执世界**必要**济度和**应当**济度的，在他一种人只须信仰世界**可以**济度就满足了。唯理主义和经验主义的全部冲突，就在这可能之效力上。所以我们必须先将这个名词明白了。“可能”到底有什么确定的意义呢？不思想的人，当它是存在之第三阶级，没有“存在”的实在，比“不存在”又实在一点，一个半明半昧的境界、一个混合物、一个幽狱，我们的实在时常由它出入的。

可能的界说

这样一个概念，自然太含浑，太夹杂，不能满足我们。在这里，同别地方一样，我们要找一个名词的意义，只有将实用主义的方法处理它。我们要问，当你说一件事物是可能的，这句话发生什么差别？至少有这个差别，就是：若有人说它是不可能的，你可驳他；若有人说它是实际的，你又可驳他；若有人说它是必然的，你也可驳他。

但是这些抗辩的权利，不值什么。当你说一件事物是可能的，在事实上还有什么差别吗？

至少它有这个消极的差别：如果这句话是真的，应该没有什么存在的事物，阻碍这事物的可能。没有阻碍，可以说是使这事物非“不可能”了，就是在朴素的或抽象的意义上，是可能了。

但是多数的可能，不是抽象的。它们有具体的根据。在实用上，这是什么意义呢？这是说，不但没有阻碍的条件，并且实际上有几个产生这可能事物的条件。譬如一个具体可能的小鸡的意义：（一）这小鸡的观念，不包含主要的矛盾；（二）四围没有小孩子，或毁坏它的仇敌；（三）至少有一个实际的蛋的存在。可能的小鸡，是一个实际的鸡蛋——加实际的孵鸡，或人工孵化器。实际的条件愈达到完全，小鸡愈成为有好根据的可能。到那条件完备了，小鸡变成了事实，不仅是可能了。

世界济度的三种见解

让我们把这个观念应用到世界的济度上。我们说世界的济度是可能的，在实用上有什么意义？这就是说，世界济度的条件，有几个实际存在的。这些条件存在的愈多，阻碍的条件愈少，济度的可能愈有好的根据，济度的事实愈成“或然”。

这是我们对于“可能”的预备观念。

关于这种问题，如世界的济度，我们说我们的思想是“无可无不可”的，是中立的，那和我们生活的精神矛盾了。凡假装中立的人，是愚笨的、虚假的。我们大家愿望减少宇宙的不平安。我们看宇宙受敌，受毁坏生活的打击，我们应该忧虑。然而有一种不乐的人，以为世界的济度是不可能的。他们的主义是悲观主义（pessimism）。

反之，乐观主义（optimism）以为世界的济度，是必然的，不可免的。

在两端中间，有一个改善主义（meliorism）[1]，这改善主义以前多作为人事中的一个态度。乐观主义是欧洲哲学的中坚。悲观主义，是晚近叔本华（Schopenhauer）所倡导，有系统的拥护者还少。改善主义，对于济度，不当它是必须，也不当它是不可能。它说，济度是可能的，济度的实际条件愈多，这可能也愈具或然性。

实用主义是改善主义的

实用主义，必定是倾向改善主义的。世界济度的条件实际存在，它不能不承认。若余剩的条件来了，济度就可成为完全的实在。我这里用的名词，自然是十分综括的。这“济度”的名词，可以无论怎样解释，当它是一个分布的、支配的现象，或变换的、完整的现象。

譬如这会场里的人，各有各抱负的理想，愿意为他的理想生活和操作。这样理想的每个实现，就是世界济度上的一时间。但是这些理想，并非空的抽象的可能。它们是有根据的，它们有活的可能，因为我们是它们的活的奋斗者和保证者。若补足的条件有了，我们的理想就可成为实际。这补足的条件是什么？它们是事物的混合所给我们的机会，我们可乘的罅隙，和我们的行为。

我们可以创造实在

我们的行为，有了机会，得了罅隙，就能创造世界的济度吗？它创造的，不是济度的全部，是它所占世界一部的济度吗？

〔1〕 今译为淑世主义。——编校者

我不管那全队唯理论者和一元论者，我要问为什么不是？我们的行为，是我们转变的地方，我们创造自己和我们增长的地方，是我们最接近的世界的部分，是我们知识最完密的世界的部分。我们为什么不承认它们的表面价额？为什么它们不就是实际上世界之转变的地方和增长的地方？

有人说，这是不合理的！新的存在，怎样可以局部的一斑一点增加或分立起来，和其他全没有关系！我们的行为，必有一个理由，除了世界总性之物质的迫压，或论理的迫压，还有什么理由可以找得出来？不论哪里，生长的机关，是完整的世界的自身。若有生长，是全部的生长，若说单独部分可以各自生长，就不合理了。

为什么事物存在

若讲合理和事物的理由，而又说它们不能斑点般的生长，我倒要问：事物的存在，到底最后有哪一种的理由？你尽可以说论理、必然、范畴、绝对，把哲学的工具室里的武器全搬出来，而我看来，只有一个实在的理由，就是一个事物的存在，是因为有人愿望它存在的。它是有人要求的——要求了来救济世界全部里头也许不过是极小的一部分。这是活的理由，那物质的原因和论理的必然要比起来，便如死的幽灵了。

总之，若说完全合理的世界，只有一个——这是“有求必应”的世界，精神感应(telepathy)的世界。在那世界里，有一个愿望，就立刻满足了，不须再想四围或中间的能力。这是绝对的世界。它要现象的世界存在，它就存在，不需别的条件。在我们这个世界里，个人的愿望，不过是一个条件。其他个人也有别的愿望要成就的。所以在这多元的世界里，存在的生长，有许多阻力，从这调和到那调和，渐渐地才组织了，成个第二级的合理的形式。我们向着“有求必应”式的组织进行，能实现的，却还不过生活的少数部分。我们要水，只须开了水管。我们要照相，只须捻一捻钮子。我们要问消息，就打一个电话。我们要旅行，就买一张火车票。在这些事例里，我们一有愿望就酬了——世界已合理的组织到那个程度。

世界创造以前假设的选择

但是我们这合理性的讨论，是个旁枝，是个夹注。我们所要讲的，是世界的发达生长，不是完整的，是零碎的，靠各个部分的贡献的。请将这个假设，严重地想一想，当它是一个活的假设。假如上帝在创造世界前，这样对你说："我要造一个世界，保不定它是可以济度的。这个世界的全善，不过是有条件的，全靠各个分子各尽它的能力。我给你这机会，请你加入这个世界。你知道我不担保这世界是平安无事的。这是一个实在的冒险事业，中间有许多危险，但是也许你能得到最后的胜利。这真正是一个社会互助的操作。你愿意参加吗？你对于自己和其他工作的人，有那么多的信托，来冒这个险吗？"

若上帝这样问你，这样邀请你去参加这个世界，你当真怕这世界不平安，竟不敢去吗？你当真不情愿做这根本上多元的、"不合理"的宇宙的分子，宁可躲在睡梦里不觉醒吗？

健全的和不健全的答复

自然，你的思想若是健全组织的，你决不会做那样的事。我们中间都有一个健全性的轻浮，同这样一个宇宙正配合。我们自然承受这个邀请。这世界实际上同我们所生存的世界正相像。我们对于自然的忠爱，不许我们说"不"。这建议的世界，因此从我们看来是"合理"的了。

我说，我们中间多数人欢迎上帝那样的建议。然而有些人是不愿意的。人群中自有一种精神不健全的人，觉得一个宇宙里要用奋斗去换平安是不值得的。我们大家都有失望的时间，自己怨恨自己了，无结果的努力也疲倦了。我们的生活挫折了，便取那"浪子"的态度。我们不信托事物的机会。我们要一个宇宙,可以歇肩,可以抱住爸爸的头颈,就此被吸收到那绝对的生活里面,好像一滴水滴在大海里。

这种安静,是免去人生有限经验的种种烦恼。"涅槃"也不过是免去感觉世界循环无穷的冒险。印度人和佛教徒,把这个做他们的主要态度,其实只是怕再有经验,怕生活。

这样的人,宗教上一元论的安慰话正合他们:"一切是需要的、主要的——就是你同你不健全的精神也是一样。一切都同上帝合一。同着上帝,一切都是良好的。你在有限形态的世界里,能论成功或失败,一般受那无量的臂膊抚护着。"人到了忧怨的极端,绝对论是唯一的救济,那是无疑的。多元的改善主义,给他们听见,使他们牙齿都打战了,胸口的心也惊骇得冰冷了。

宗教上柔性与刚性两种

具体地看,我们有两种不同的宗教。用我们比较的旧名词,我们可以说:绝对论的道理,迎合柔性的人,多元论的道理,迎合刚性的人。这多元的道理,有好多人不肯叫它是宗教的。他们唤它是道德主义,将宗教专留着应用于一元的道理。在人类思想史里,宗教常作为自屈的意义,道德常作为自足的意义,两者对峙,如不可符合的一般。

我们现在到了哲学的最后问题。我第四次讲演里说过,我信一元众元的分判,是我们思想所能构成的最深最有含义的问题。它们的分离,是最后的分离吗?只有一方面是真的吗?多元论和一元论是真正不可符合的吗?假如世界真是多元组织的,假如它实在是分布的存在,是许多"每个"合成的,那么它就只可以零碎的和事实上的济度,它的历史,也不能给主要的一性缩短循环吗?若是这样,我们必得选择一种哲学。我们不能对两项都说"唯,唯"。我们和可能的关系中,须有一个"否"。我们应当承认一个最后失望:我们不能在一个不可分判的行为里，同时具健全心和不健全心。

我们当自己是人类，自然可以一日健全，他日不健全的；我们当自己是初治哲学的人，也可以自命为一元的多元论者，自由意志的定命论者，或别种调和的名称。但是我们若当自己是哲学者，他的目的，在清楚和一贯，他感觉的实用上需要，是真理和真理的适合，我们就不得不坦白采取柔性的或刚性的一种思想。以下的问语特重地常时迫我注意：柔性的要求不太过吗？一个已经全部济度的世界的观念，不太甘美吗？宗教的乐观主义，不太偏于理想吗？一切是必须济度的吗？济度是无代价的吗？最后的命令是好的吗？宇宙里一切是“唯唯”吗？生活的中心，不就有“否”的事实吗？我们对于生活的严重，不就含着它有“否”和损失的部分的意义，有牺牲在里面的意义，中间有永远严厉和痛苦的物事的意义吗？

我不能正式代替一般实用主义者说。我所能说的，是我自己的实用主义，不阻抗我采取这道德主义的见解，而放弃总体调和的要求。实用主义，情愿将多元论当作郑重的假设。到底决定这些问题的，是我们的信仰，不是我们的论理，我不承认假装的论理，有权否认我们的信仰。我愿意承认这个宇宙是真正危险的，是须要冒险的。我决不退缩，我决不说我“不干”了。我愿意想那“浪子”的态度，对于生活的全部，不是正当的最后的态度。我愿意看宇宙里有实在的损失和损失者，没有一切存在的总体保存。我能相信理想是最后的，不是起源；是一节，不是全体。一个杯里的流质倒出了，渣滓永远留在后面，不过所倒出的可能，已够圆满的可接受了。

在事实上，无量数人的想象，住在这种道德主义的宇宙里，觉得它的散布的和贯串的成功，够他们合理的需要了。在希腊诗里有一个很好的箴言，表示这个心理，这个没报偿的损失——虽损失者就是自己——的接受：

> 一个破船的航海家，埋骨在这岸上。
> 祝你好好前进，切莫失望。
> 说我们遭难时，有好多勇敢的帆船，
> 都会耐过那惊涛骇浪。

严格道德主义家，对于“你情愿为了上帝的光荣入地狱吗”的问题，回答“是”的人，就有这客观的广大的心理。在这主义上，逃避恶的法子，不是去克制它，或当它是主要的分子保存了而战胜它。我们要把恶完全抛弃了，帮助造成一个宇宙，在它的里面，更没有恶的地位和名字。

实用主义的调和

所以诚意接受一种严厉的宇宙，而不排去里面郑重分子，是完全可能的。能这样做的人，我看是真正一个实用主义者。他情愿生活在他所信托的无保证的可能世界上，他情愿为了他所构成的理想实现拿自己去做代价。

在这样宇宙里，他信托什么旁的势力同他协力互助？在实际世界所达到的阶级，他至少可信托人类。但是还有超人的势力，如多元派宗教性的人所常信仰的吗？他们说：“除了上帝，没有别的上帝。”很像一元论的论调。人类的原始的多神论，提高了进化成为一神论，这一神论，不从玄学讲，单从它的宗教性上讲，看着上帝是世界运命创造人中唯一的助手。

我怕我以前各讲演，限于人性的和人本的各点，要给人一个印象，就是实用主义中，没有超人的分子。我对于绝对，是很少敬意了，而我直到现在，除了绝对，又没有提起别的超人的假设。但是我信你们能明白绝对和有神论的上帝，除掉同是超人的以外，更没有相同之点。在实用主义上，如上帝的假设，有满足的功用,这假设便是真的。不论它余剩的困难是什么,经验证明这假设确有功用。我们的问题,是怎样去建设它,把它和其他有功用的真理联合起来。在这末次讲演的末了,我不能开始那神学问题,不过我可以告诉你们,我会著一本书,论人类的宗教经验,这宗教经验,是造成上帝的实在的,你们或者可以谅解我的实用主义,不是无神论了。我自己硬不信我们人的经验就是宇宙里最高的经验。我宁可相信我们人类对于全宇宙的关系,就和我们的猫儿、狗儿对于人的生活的关系一般。猫儿、狗儿常在我们的客厅上书房里玩,它们加入我们的活动,但它们全不懂得我们活动的意义。我们人类的生活,好比一个圆圈,它们就住在这个圆圈的正切线上,全不知道这圆圈起于何处,终于何处。我们也是这样,我们住在全宇宙圆圈的正切线上。但是猫儿、狗儿每日的生活,证明它们有许多理想和我们相同,所以我们从宗教经验所给我们的证据看来,也很可相信比人类更高的神力是存在的,并且这些神力也朝着人类理想中的方向,努力济度这个世界。

所以假使宗教能有多元的或改善主义的一种,实用主义可以说是宗教性的。至于那种的宗教,你是否容受,那是一问题,只有你自己能解决。实用主义,现在还没有确实知道哪一种宗教,究竟有最好的功用,所以不能下独断的答语。人的各种过度信仰,和各人信仰冒险,也是搜求证据所必需的。你们大概各自有信仰的冒险。如若你是极端刚性的,自然界可感觉的事实就够了,用不着什么宗教。如若你是极端柔性的,你要那一元式的宗教,多元式的宗教,专靠着非必然的可能,你看来就嫌它不安稳了。

但是你如若不是极端的刚性或柔性,却如我们多数人是混合的,那么,我所贡献的多元的道德主义的宗教,是最好一个宗教的综合。一方面有朴陋的自然论,一方面有超绝的绝对论,在这两个极端中间,我所说的实用主义的道德主义的一种有神论,恰适应你们的需要。

编校后记

在实用主义的发展史上，威廉·詹姆斯(William James，1842—1910)是一位具有转捩意义的哲学家。他将皮尔士(Charles Peirce，1839—1914)提出的实用主义原则，从一种澄清意义的方法扩展为一种独特的真理学说，推进了实用主义的系统化。集中体现这项工作的是，詹姆斯于 1907 年出版的《实用主义：一些旧思想方法的新名称》(*Pragmatism: A New Name for Some Old Ways of Thinking*)。该书集合了他于 1906 年底在波士顿罗威尔研究所(Lowell Institute)和 1907 年初在哥伦比亚大学发表的八篇讲演，至今仍被视为"实用主义哲学的权威表述"[1]。正是詹姆斯的扩展和阐释，使皮尔士提出的"实用主义"概念在世界范围内获得了广泛的声誉，拥有了众多的追随者。

然而，实用主义在中国的影响，最初主要不是通过詹姆斯及其《实用主义》实现的，而是经由杜威(John Dewey，1859—1952)实验主义[2]的传播而展开的。特别是 1919—1922 年杜威访华前后，实用主义作为一种崭新的哲学思潮，开始引起我国学者的关注，涌现了不少绍述性的文章[3]。直到 1924 年，詹姆斯的

---

〔1〕 塔利斯著，彭国华译：《杜威》，中华书局 2002 年版，第 12 页。

〔2〕 实用主义在詹姆斯扩展之后，逐渐遭到批评甚至误解，以至皮尔士和杜威都在不同程度上放弃使用"实用主义"概念。杜威更倾向于使用"实验主义"这一称谓表达自己的哲学。尽管如此，人们通常还是将杜威置于实用主义的哲学阵营。

〔3〕 据不完全统计，1918 年—1922 年，我国学者发表的关于实用主义的文章至少有 32 篇。见杨寿堪、王成兵著：《实用主义在中国》，首都师范大学出版社 2001 年版，第 34 页。

《实用主义》经孟宪承先生翻译,作为“尚志学会丛书”之一,由商务印书馆单册印行,才使更多的国人接触这份实用主义的“纲领性文献”。1930 年,该书在目录上略有压缩,在内容上稍有补充,作为“汉译世界名著”,分一、二两册纳入“万有文库”再版。

建国后不久,实用主义逐渐沦为思想的、政治的批判对象。改革开放之初,实用主义重又回归学人的视线。标志这种“回归”的重要事件,就是 1979 年商务印书馆推出了陈羽纶、孙瑞禾新译的《实用主义》,并将其列入“汉译世界学术名著”丛书。这本新译本依据的是 1943 年英文版的《实用主义》,附有从《真理的意义》(*The Meaning of Truth*)〔1〕中选出的四篇论文。

孟先生的旧译本似未引起新译者的注意,而且在新译本问世之后,也鲜有学者关注这个旧译本的价值。其实,孟先生不仅国学根底深邃,而且早年问学美英,深谙西方哲学和教育学。这种功力,在这个旧译本中甚为彰明。全书语言优雅别致,如孟先生有译:“哲学是人类事业中最高远的,也是最琐细的。它在最狭小的罅隙里用力,辟出最阔大的景地来。”句中“高远”、“琐细”、“罅隙”、“阔大”等词,信手拈来,不仅恰切地译出了原文的意蕴,而且颇具形神气象。除了语言上的着力,他在细节上也颇用心思,时时为读者考虑,不仅为译文首次出现的人名和术语加注英文,而且在晦深处注意为读者补充背景的知识。

收入本文集的是 1930 年商务印书馆出版的《实用主义》。尽管这个旧译本距今近八十载,但它确是实用主义在中国传播的“遗迹”。这是孟宪承先生嘉惠后人的又一财富。

王丽佳

2008 年 2 月

〔1〕《实用主义》出版后,遭到一些学者的批评。为了答复这些批评,詹姆斯于 1909 年出版《真理的意义》。

图书在版编目（CIP）数据

实用主义／（美）詹姆士（James，W.）著；孟宪承译. —上海：华东师范大学出版社，2010. 1

（孟宪承文集；5）

ISBN 978-7-5617-7483-0

Ⅰ. ①实… Ⅱ. ①詹…②孟… Ⅲ. ①实用主义—哲学理论—研究 Ⅳ. ①B087-53

中国版本图书馆 CIP 数据核字（2010）第 009325 号

孟宪承文集·卷五

实用主义

主　　编　瞿葆奎
副 主 编　杜成宪
著　　者　〔美〕詹姆斯
译　　者　孟宪承
项目编辑　陈锦文
审读编辑　夏蕙筠
责任校对　徐　真
装帧设计　储　平

出版发行　华东师范大学出版社
社　　址　上海市中山北路 3663 号　邮编 200062
网　　址　www.ecnupress.com.cn
电　　话　021-60821666　行政传真 021-62572105
客服电话　021-62865537　门市（邮购）电话　021-62869887
地　　址　上海市中山北路 3663 号华东师范大学校内先锋路口
网　　店　http://ecnup.taobao.com/

印 刷 者　江苏常熟华通印刷有限公司
开　　本　787×1092　16 开
印　　张　11
字　　数　145 千字
版　　次　2010 年 12 月第 1 版
印　　次　2010 年 12 月第 1 次
印　　数　1—2 100
书　　号　ISBN 978-7-5617-7483-0/G·4329
定　　价　38.00 元

出 版 人　朱杰人